아산재단 연구총서 제408집

문화적 배경과 체화된 인지

아산재단 연구총서 第408집

문화적 배경과 체화된 인지

민 동 원

집문당

민동원(閔東媛) 서울대학교 작곡과 졸업(음악학사)
연세대학교 대학원 경영학과 마케팅 전공 졸업(경영학석사)
한국과학기술원 테크노경영대학원 경영공학과 마케팅전공 졸업
(공학박사)
현재 단국대학교 경영학부 교수

아산재단 연구총서 제408집

문화적 배경과 체화된 인지

2016년 12월 10일 1판 1쇄

저　자 | 민동원
발행인 | 임동규
발행처 | **집문당**
등　록 | 1971. 3. 23. 제300-2012-69호
영업부 | 10881 경기도 파주시 광인사길 85
(02)743-3192~3　팩스(02)742-4657
전자우편 | sale@jipmoon.co.kr
편집부 | 03134 서울시 종로구 돈화문로 82 집문당빌딩 5층
(02)743-3096~7　팩스(02)743-0227
전자우편 | edit@jipmoon.co.kr
홈페이지 | www.jipmoon.co.kr

편　집 | 이현정
디자인 | 임용우

ISBN 978-89-303-1722-1
978-89-303-1500-5(세트)

가격 13,000원

이 도서의 국립중앙도서관 출판시도서목록(CIP)은 e-CIP홈페이지(http://www.nl.go.kr/ecip)와 국가자료공동목록시스템(http://www.nl.go.kr/kolisnet)에서 이용하실 수 있습니다.
(CIP제어번호: CIP2016027767)

머리말

최근에 사람들의 생각과 마음을 읽는 연구의 화두에 '몸으로 느끼는 인지'가 자리하고 있다. 수십 년간 심리학 분야에서는 머리와 마음이, 또 머리와 신체가 분리돼 있다고 주장해왔으나 체화된 인지(embodied cognition) 연구는 신체-머리-마음이 유기적으로 연결돼 있음을 보이고 있다. 예를 들어 노인과 관련된 단어나 행위를 통해 노인에 대한 시뮬레이션을 하게 되면 같은 거리도 더 멀게 느끼고, 동일한 경사의 길도 더 가파르게 느끼며, 공을 던져도 덜 멀리 던지는 반응이 나타난다. 소위 '왕따'당한다고 느끼면 주변인이 본인에게 차갑게 다가온다고 느끼는 것도 밝혀졌는데, 한 연구는 피험자가 사회로부터 배제돼 있다고 느끼면 방의 온도도 더 낮게 느끼며, 보다 더 온도가 높은 음식을 찾는 것을 보였다. 한편 광고를 볼 때 고개를 끄덕이는 동작을 하면 가로젓는 동작을 할 때보다 그 광고에 호의적인 반응이 나타났으며, 어깨를 펴거나 높은 위치에 있어 파워를 갖고 있다고 느껴지는 자세를 취할 때 몸을 움츠리거나 낮은 위치에 있을 때보다 남성호르몬인 테스토스테론이 더 많이 분비되며 스트레스 호르몬인 코티졸의 분비는 감소하는 것으로 나타났다. 이처럼 체화된 인지는 시뮬레이션 대상에 대해 직접적으로 연관된 행위를 할 때뿐 아니라 간접적인 연상을 할 때도 나타났다. 이에 심리적인 변화와 신체적인 변화 모두 검증됨으로써 신체–머리–마음의 유기적인 연결 관계에 대한 관심은 점점 커지고 있다.

더불어 많은 학자의 관심은 체화된 인지가 어떤 경우에 더 강하게 나타나는지, 또는 다양한 상황적 요인에 따라 결과가 어떻게 달라지는지에도 쏠리고 있다. 예를 들어 최근의 한 연구는 체화된 인지가 상황에 대한 시뮬레이션과 관련이 있기 때문에 타인의 입장에 대해 이해하고 공감하는 능력인 관점 수용(perspective taking)이 체화된 인지의 정도에 영향을 미친다고 밝혔다. 이 책은 사람들의 사고와 행동에 매우 큰 영향을 미치는 것으로 알려진 문화적 배경에 주목해, 동아시아권과 서구권이라는 상이한 문화권의 독특한 특성들이 주변의 정보들을 어떻게 느끼고 인지적 및 신체적으로 이해하게 하는지에 대해 살펴본다. 특히 문화권에 따라 자아를 다르게 지각하는 모습들이 체화된 인지의 양상과 어떻게 연관되는지에 주목한다. 동아시아 문화권은 사람들 간의 관계에서 자아를 바라보는 반면, 서구권은 스스로와 분석하며 자아개념을 정립한다. 이러한 차이는 환경에 대한 지각과 평가와 인식 형성에 대한 차이로 연결된다.

이 책은 문헌 고찰을 통해 문화권에 대해 이해하고 체화된 인지 연구를 검토하며, 광고를 사용한 심리실험을 통해 상이한 문화적 배경이 체화된 인지에 미치는 영향을 살펴본다. 이는 사회에서 점차 증대되고 있는 시뮬레이션을 통한 삶의 변화가 문화적 배경과 어떻게 관련되는지에 대한 이해를 높이는 데 기여할 것이다.

| 차 례 |

| 표 차례 |

Ⅰ. 서 론

Ⅰ. 서 론

이 책은 문화의 본질에 대한 선행연구를 기반으로, 문화적 배경에 따른 상이한 자아개념(self-concept)이 어떻게 체화된 인지(embodied cognition)에 영향을 미치는지를 살펴보는 데 목적이 있다. 최근 10년간 크게 부각된 체화된 인지이론은, 뇌의 인지적 활동과 신체의 감각적 활동이 매우 유기적으로 연관돼 있음을 보여주며, 다양한 변수와 맥락이 이 관계를 강화하거나 혹은 희석함을 검증하고 있다. 체화된 인지는 어떤 사건을 '모방하는 표상(coping representation, Taylor와 Schneider, 1989)'인 멘탈 시뮬레이션(mental simulation)에 기반을 두는데, 이는 실제의 신체 상태와 경험의 시뮬레이션이 두뇌에서 활성화(activation)돼 뒤이어 판단 및 선택에 영향을 주는 것을 의미한다(Min과 Kang, 2013; Niedenthal et al., 2005). 그런데 이러한 멘탈 시뮬레이션은 본인의 내재된 자아개념과 소속된 문화적 가치에 따라 그 용이성과 접근 가능성이 크게 달라질 수 있다. 이 책은 이러한 점에 주목하고 체화된 인지에 영향을 미칠 수 있는 문화의 본질적 속성과 문화가 자아의 다양한 개념과 어떻게 연관되는지를 심도 있게 살펴본다.

Ignatow(2009)는 문화와 인지적 사회학을 이해하는 접근 방식으로 체화된 지식(embodied knowledge)을 강조하며, 신체를 사회적 행동에서 내재적 환경의 중심에 있는 것으로 정의했다. 이 관점은 사람들이 속한 사회에 인지적 그리고 정서적으로 어떻게 몰입되는지와 마찬가지로 어떻게 감각적으로 몰입되는지에 대해서도 강조한다(Csordas, 1994). 이와 관련해 Shilling과 Mellor(1998)는 신체는 사람들이 사회에 속해 있다고 인식하게 하는 상징의 중요한 원천이 된다고 했다. 이는 오래 전에 제안돼 수많은 사회과학 분야에서 인용돼온 Durkheim(1912)의 인간 본성의 이중성 또는 호모 듀플렉스(homo duplex) 이론에 근거한다. 이에 따르면, 사람들이 신체적으로 보이는 모습이 그들이 생각하고 느끼는 것에 대한 가장 직접적이고 표현적인(expressive) 수단이기 때문이며, 이로 인해 신체는 그 사회에 속한 사람들이 자신의 이기적인 자아를 초월하고 사회의 상징적 질서(symbolic order)에 효과적으로 맞닿을 수 있게 하는 수단을 제공하는 사회적 잠재력이 된다. Emile Durkheim은 그의 저서 『종교적 삶의 근본적 형태(The elementary forms of the religious life)』에서 이를 주장했는데, 이 책에서 인간은 자발적이며 자유로운 주체로서 자신만의 독특한 인격을 창조하는 개별적 존재인 동시에 그들이 속한 사회에서 보편적으로 받아들이는 행동양식을 습득하여 사회가 요구하는 일정한 수준의 역할을 수행하는 사회적인 존재다. 요약하면 인간은 생물학적 본능과 의식을 지닌 '개별적인 존재'일 뿐만 아니라, 도덕성을 지닌 '사회적인 존재'이기도 하다. 그런데 이 관점은 신체를 문화적 표상의 원천, 장소, 그리고 수단으로 본다. 사람들의 정서적 경험, 체화된 경험, 그리고 살아 있는 경험에 집중함으로써 호모 듀플렉스 이론은 비체화적 정보, 차가운 인지, 그리고 문화적 스키마를 신체와 연관 지어 다시 고찰할 필요가 있음을 제기했다.

인지과학자들의 체화된 인지에 대한 이론 및 실증적 연구들 역시 호모 듀플렉스 이론을 지지해왔다. 이들도 신체를 문화와 사회적 행위의 중심으로 봤다. Barsalou와 그의 동료들은 인지(cognition)는 원천적으로 지각적이며(perceptual), 따라서 인지연구는 인지적 그리고 신경적(neural) 수준 모두에서의 지각과 관계되기 때문에(Barsalou, 1999; Niedenthal et al., 2005) 인지과학과 지각 연구의 분리는 지각 연구에 대한 인지과학의 의존도를 높일 뿐이라고 했다(Goldstonbe와 Barsalou, 1998). 이처럼 어떠한 상황이 주는 자극에 의식적이거나 무의식적으로 반응하는 체화된 인지는 사회적 행위의 일종으로, 오랜 기간 문화권마다 독특하게 존재해왔을 수 있기 때문에 이 책에서는 이러한 신체적 반응과 결부되는 인지는 문화에 따라 다른 양상으로 나타날 것으로 봤다. 이에 따라 상이한 문화적 맥락을 분류할 수 있는 가장 대표적인 기준, 즉 상호보완적 문화권(동아시아 문화권)과 독립적 문화권(서구 문화권)으로 나누었다. 이러한 문화권 구분은 수많은 연구를 통해 각각이 전체주의와 개인주의라는 뚜렷하게 구분된 성향을 갖고 있으며 자신의 행동 방침을 타인과 유사하게 맞추려는 경향의 정도나 타인의 생각을 의사결정의 준거점(reference point)으로 활용하는 정도에서 큰 차이가 있음이 밝혀졌다. 여기에서는 체화된 인지 분야의 문헌들에서 밝힌 결과들이 문화권의 특성에 따라 나타날 수 있는 양상에 대해 살펴본다. 이를 통해 정보 수용자의 지각적 반응(예: 홍분, 따뜻함)에 주목하는 최근의 많은 설득적 메시지가 문화권에 따라 어떻게 보다 그 효과를 높일 수 있는지에 대한 시사점을 제시한다.

II. 문화에 대한 이해

II. 문화에 대한 이해

1. 문화적 과정(Cultural Processess)

지난 20년 동안 인간행동 분야에서 인종과 국가에 따른 그룹 차이에 대한 관심이 급격히 증가하면서, 연구자들은 그것들이 여러 상황에서 왜 다른지, 어떻게 다른지, 언제 다른지에 대해서 점점 더 관심을 가지기 시작했다. 이러한 새로운 시각은 인간 심리 중에서도 왜 문화 문제인지 설명함으로써 동시대의 사회인지이론 중에서 사회 심리와 사회 동기부여에 대해 토론하고 의견을 개진하고자 했다. Angela K. Leung 등 많은 연구자는 문화를 '사회적 거래를 위해 불완전하게 공유된 지식 대표들의 느슨한 네트워크'라고 본다. 최근 들어 세계화가 더욱 짙어지고 문화권끼리 강하게 연결되면서, 전통적이고 다양한 문화가 어떻게 융합되는지와 문화의 상이함 또는 동일 문화권 내의 동질성이 인간의 행동 양상에 어떻게 영향을 미치는지가 매우 중요한 이슈가 되고 있다. 이에 따라 우선 문화를 보는 관점과 문화적 과정에 대한 시각을 살펴보고, 문화적인 상호작용의 심리적인 영향을 논의한다.

1) 문화란 무엇인가

심리학의 관점에서 문화의 특성과 문화 간 차이를 본 수많은 연구에 의하면 각 문화 간에는 뚜렷한 상이함이 존재한다(see Chiu와 Hong, 2006, 2007; Lehman, Chiu, Schaller, 2004). 그런데 문화 간 상이함은 표면적으로는 드러나도 막상 문화를 정의하는 것은 매우 어렵다. 이 책에서는 문화를 조직된 개념과 행위를 토대로 한 집합으로 정의했다. 문화는 불완전하긴 하지만 상호의존적인 개인들과 세대를 걸쳐 전해 내려온 것들과, 개인이 추구하는 목표를 조화하기 위한 공동생활에서 공유된 것들의 집합이라고 볼 수 있다. 이 정의는 문화에 대해 주목해볼 몇 가지 면을 강조한다. 첫 번째는 문화는 정해진 인종적 특성보다는 생각 또는 관습의 전통 지식을 가리킨다. 비록 문화에 대한 많은 실증적인 연구에서 구획된 인구는 일반적으로 특정 문화에 대한 대리로 활용됐다. 예를 들면, 초문화(cross-cultural) 또는 문화심리학은 종종 문화적 전통의 심리적인 효과에 접근하는 데 국가의 차이(예: 일본인과 미국인)나 국가 내 민족 공동체의 차이(예: 아시아계 미국인과 유럽계 미국인)의 관점에서 접근한다. 두 번째는 관념이나 관습으로 문화를 특징짓는 것이 막연히 체계화됐다는 것이다. 초문화와 문화심리학의 공통적인 가정은, 문화의 전통에서 관념과 관습이 개인주의, 집단주의, 독립적인 자아 해석 또는 의존적인 자아 해석과 같은 비교적 덜 시스템적이고 주관적인 개념을 근거로 형성됐다는 점이다. 그런데 심리학의 관점에서는 이러한 개념이 상식이론(Lay theory)[1]이나 가치, 그리고 규범과 같이 사회생활에서 늘 사용되는 주요한 지식들이며, 이

---

1) 특정한 사회적 행동에 대해 사람들이 부여하는 일상적이며 상식적인 설명(Furnham, 1988).

것이 인간의 구체화된 관습과 반복적인 행동(routine)에 대한 가이드 역할을 한다. 세 번째는 문화가 사회 내에서 개인이 추구하는 목표와 조화를 위해 적응하는 데 필요한 수단이라는 것이다. 사회에서 사람들은 경쟁적이고 협력적인 행동을 동시에 한다. 사람들은 개인의 욕심을 최대로 채우기 위한 이기적인 동기에 유도된다. 그런데 경쟁은 사회 존속 자체를 위협할 수도 있다. 따라서 경쟁의 기반이 되는 개인이 이기심을 극대화하는 행동을 규제하기 위해 사회통제 메커니즘(예: 법 문화)이 필요하다. 문화는 사회통제 메커니즘으로써 개인의 협력적인 행동과 그룹의 생존을 위협하는 이기적인 행동에 대한 저지를 조화하면서 발전했다.

2) 문화의 다양한 기능

문화는 사회를 위해서 중요한 사회적 규제 기능을 제공할 뿐 아니라 개인의 삶에 지대한 영향을 주는 여러 기능을 수행한나. 문화의 가장 큰 특징은 공유와 지속성이다. 널리 공유되는 문화 지식은 애매한 경험들을 해석하기 위해서 개인에게 대체로 유효한 프레임워크(framework)를 제공한다. 그리고 사회 내의 개인들에게 관념이나 관습은 일반적으로 사실이며, 중요하고 적절하게 고려된 것임을 알린다. 그러므로 문화는 개인을 불확실성과 불예측성으로부터 보호한다. 또한 문화는 자아-정의적인 욕구(self-definitional need)를 제공한다. 문화적 전통에서 많은 요소는 대부분의 사람이 옳고, 가치 있으며, 도덕적으로 바람직하다고 동의함을 나타낸다. 이런 요소들은 사람들이 긍정적으로 자기 정체성을 확립하도록 상징적인 자료를 제공한다. 사람들은 그들이 속한 문화에서 그들이 구체화한 자아와 관념과 관습을 선택하고, 내면화하고, 심지어 연결할 수도 있다. 또한 다른 문화권에 속한 개인들은 자아확립 구축을 위해서 그가 속한 문화의 관념이나 관습을 선택하게 된다.

3) 문화는 어디에서 왔는가

많은 선행연구는 문화가 어디서 발생되었는지에 대해 많은 관심을 가져왔다. 이 연구들은 문화가 개인의 문화적 자아 내에 존재함을 주장하기도 하고, 문화가 다양한 관습과 인공물들 속에 공식적으로 나타나는 것들을 표상하는 것이라고 주장하기도 했다(Leung, Chiu, Hong, 2010). 여기에서는 문화적인 지식을 상호주관적인 지식의 일종이라는 시각으로 바라본다. 만약에 문화의 의미가 분명하게 해독된다면, 공공 표현들은 문화적 전통에 동화되기 위해서 문화와 문화의 설립 관계에 내재된 모든 구성원에게 접근이 가능하다. 그러므로 문화 안에서 중요한 가치나 믿음, 그리고 규범들은 대개 많은 공공 표상성을 띤다. 또한 문화는 동일하거나 유사한 언어적 부호로 전승된다. Sperber(1996)는 특정 아이디어들이 "반복적으로 상호작용하고 최소한으로 변형되는 과정에서 결국 문화에 속하게 된다"라고 했다. 이러한 의사소통 관습 속에서 문화는 구체적인 실재의 형태로 존재하게 된다. 이와 관련해 Sperber(1996)는 의사소통 관습에서 어떻게 문화가 등장하고 확산되는지 연구하기 위해 최상의 방법을 제안했는데, 그것은 표상화(representation), 즉 집단 내에서 어떻게 의사소통이 이루어지고 개인들이 어떻게 그것을 인식하는지를 보는 것이 '어떻게 공유되었는가'를 보는 것이라고 했다. 이와 유사하게 Bruner(1999)도 "문화적으로 삶의 적용 방식은 의미와 해석 차이를 협상하기 위해 공유된 수단과 공유된 관념에 달려 있고 또한 공유된 담론의 방식에 달려 있다" 라고 했다.

4) 문화적 지식 활성화의 원리들

삶에서의 문화적인 침수(immersion)를 통해, 사람들은 그들의 문화 속에서 다양한 상식이론, 가치, 그리고 규범에 대한 지식을 얻는다. 이러한 상식이론과 가치, 규범은 개인에게 기억의 지식 항목으로서 저장되며, 이는 개인의 행동을 가이드하는 역할을 맡게 된다. Leung, Chiu, Hong(2010)은 문화적인 지식을 적용하는 데 다음 세 가지 기본적인 원칙을 따른다고 했다. 바로 유효성, 접근 가능성, 적용 가능성이다. 지식 항목은 적용하기 전에 반드시 인지적으로 사람들에게 사용이 가능해야 하며, 인지적으로 사용이 가능한 문화적 지식 아이템 중에서, 자주 또는 최근에 사용된 몇 가지는 기억으로부터 쉽게 불러올 수 있어야 한다. 즉 인지적으로 접근이 가능해야 한다. 마지막으로 접근 가능한 문화적 지식 항목 중에서, 어떤 것들은 상황에 맞게 사람들의 행동을 가이드하는 역할로 사용되거나 급작스러운 상황에서 문제를 해결하는 데 적용돼야 한다.

2. 상식이론(Lay theories)

1) 상식적인 믿음(Lay beliefs)으로서의 문화

사람들은 자신이 갖고 있는 믿음들로 세계를 인식한다. 이러한 믿음은 조직적인 구조를 통해 이해할 수 있는 새로운 경험과 관찰의 기회를 제공한다. 이어서 사건이나 행동들을 향한 사람들의 해석에 대한 인식은 그들이 이루고 싶은 목표를 만든다. 그런데 역설적으로 사람들이 갖고 있는 믿음의 효과는 대부분 그들이 속한 사회의 주요 가치를 공유하지 못할 때 명확히 나타난다. 이러한 상황에서 사람들은 '이것이 무엇인가'라는 의문을 던지게 된다. 예를 들어, 죽음은 상실, 우울 그리고 슬픔의 시간으로 널리 인지된다. 그러나 미국의 기독교식 장례에서는, 흔치는 않지만 가까운 친구나 가족의 죽음을 순수하고 행복하게 생각하며 표현한다. 이 의미는 슬프지 않다는 것이 아니지만, 다른 문화권에서는 볼 수 없는 경우다. 이렇게 슬픔의 표현 없이 공공연하게 행복을 표현하는 것은 강한 기독교적인 신념에서 유래됐다. 기독교에서 죽음은 여전히 살아 있는 것이며, 그들은 죽음으로 하여금 이 세상보다 더 좋은 곳으로 간다고 믿는다. 게다가 그들도 곧 먼저 죽은 자들과 함께하게 될 것이라고 생각한다. 이런 맥락에서, 그들이 전례 없이 슬픔을 느끼지 않는 데 대해 이기적이거나 죄의식을 느낀다면, 이는 신과 함께하는 것이 아닌, 죽은 사람과 여전히 함께한다고 믿는 것이다. 그런데 참석자들이 사후 세계를 믿지 않는다면, 이러한 장례식 문화는 심지어 미국 내에서도 상이하게 나타난다. 참석자들의 죽음을 받아들이는 태도는 순수하게 상실에 대한 애도나 서로를 위안해주는 데 초점을 맞출 것이다. 이러한 상황에서 즐거움을 표현하는 것은 다른 참석자에게 별나다는 소리를 들을 수도 있고, 혹은 무례하게 느껴질 수도 있다. 죽음에 대한 두 가지 반응의 차이점은 개인의 경험뿐만 아니라 사회에서 압도적인 신념의 힘과 필수적인 본성을 설명한다. 예를 들어, 죽음이 축복받을만한 즐거움인지 우울한 슬픔인지는 장례식 참석자들의 믿음에 의해 결정된다. 이런 방식으로, 사례는 어떻게 이러한 상식적인 믿음(Lay beliefs)(비과학적이지만 상식적으로 통용되는 믿음들)이 생겨나고 어떻게 반영되었는지를 증명한다. 심리적인 연구에서 예를 들면, 지능에 대한 학생들의 믿음은 학생들이 실패를 경험한 뒤 대상을 포기하거나 더 열심히 하는 것을 결정짓게 한다. 학생들이 실패를 스스로의 모자란 능력이나 구조적인 것이라 판단할 때 무기력하게 반응할 것으로 예상되는 반면에 그들이 실패를 교정적인 노력이 필요한 신호라고 여길 경우에는 더 열심히 할 것이다.

동일 문화권에서 상식적으로 통용되는 지식 중 일상적으로 가장 널리 사용되는 것은 상식이론이라고 부른다. 이는 사회의 방향을 지칭하는 어떠한 설명, 정의 또는 가정을 제공하는 신념의 한 종류로 어떻게 세계가 존재하고 작동하는지에 대한 비과학적인 이론이며, 대중이론(folk theories), 상식 심리학(commonsense psychology), 그리고 내재이론(implicit theories) 등으로도 불린다. 상식이론의 대표적 연구자인 Carol Dweck은 일련의 연구를 통해 지능을 중심으로 상식이론을, 지능은 특성이고 출생으로부터 고정됐다는 '실체이론(entity theory)'과 지능은 천천히 경험과 노력을 통해 얻어진다는 '증진이론(incremental theory)'으로 나누었다. 이 두 이론은 상식이론에 대하여 매우 다른 관점을 가진 많은 후속연구를 낳게 했다. 구체적으로, 지능이 고정돼 있다는 실체이론을 지지하는 연구들은 능력의 정도로 실패를 판단하고, 낮은 성과를 낮은 지능으로 돌리는 경향이 있는 반면, 지능은 유연하다고 보는 증진이론을 지지하는 연구자들은, 성공하는 데 실패를 능력의 척도로 보지 않으며 실패의 원인을 통제 가능한 개인적인 특성(노력)으로 본다. 또한 실체이론의 관점에서는 노력을 하더라도 능력이 부족하면 성공에 이를 수가 없는 반면, 증진이론의 관점에서는 노력이 성공의 가능성을 높인다. 이렇게 상이한 견해는 특정 상황에서 개인들이 노력하는 데 드는 비용 추론에 관해 중요한 시사점을 가지는데, 성취 실패에 직면했을 때, 실체이론의 관점에서는 낮은 능력이 미래의 성공을 제한한다고 추론할 수 있으며, 비록 추가되는 노력 비용이 개선된다고 하더라도, 노력에 대한 수요가 필요하다는 것은 능력의 부족을 나타내는 명백한 증거라고 결론지을 수 있다. 이 견해는 노력에 대한 반감을 보이려는 경향이 있고 성취를 실패하는 것에 대해 무기력하게 반응하는 특징이 있다. 하지만 동일한 실패 상황에서도 증진이론의 관점에서는 노력이 능력을 향상시키고, 성공에 대한 기회를 높인다고 추론한다.

이러한 두 가지 유형의 상식이론은 특성 vs. 상태, 성격 vs. 행동, 또는 개인 vs. 상황의 관점에서 접근할 수 있으며, 이것은 문화에 따라서 큰 차이로 나타난다. 그리고 어떤 사건이 있을 때 그것의 원인을 어디로 돌릴 것인가, 즉 귀인(歸因, attribution)에 큰 차이를 불러온다. 귀인 오류가 누구에게나 보편적인 것이 아니며 문화에 따라 다르게 나타난다는, 문화와 상식적인 믿음의 관계를 처음으로 말한 Miller(1984)는 미국과 인도에서 한 실험에서, 성인이 된 미국인은 참가자 스스로의 기질에서 원인을 찾는 경향이 있었고, 반면에 인도인들에게는 상황에서 원인을 찾는 경향이 더 보였다. 이러한 문화 간 차이점은 개인의 문화적 개념과 연결된다. 후속연구들은 개인적인 속성들에 대한 상식적인 믿음은 사람들의 사회적인 판단, 행동, 그리고 결과에 영향을 끼친다는 점을 다양한 맥락에서 밝혔다. 이 연구들은 주의가 실체이론의 관점에서 보면 사람들의 안정적인 특징에 영향을 받는 반면에 증진이론의 관점에서 보면 역동적인 사회 상황에 영향을 받음을 보였다. 특히 Chui와 Hong(2005)은 다른 것들의 특성에 대한 실체이론은 다른 것들의 행동과 선택을 해석하는 데 일상의 분포주의(Lay dispositionism)를 보이기 쉬우며, 특성에 대한 개인적인 역할을 지나치게 강조하며, 사회환경의 다양한 역할을 과소평가한다는 점을 발견했다. 이 영역에 대한 연구는 동아시아인은 증진이론을 받아들이려는 경향이 있는 반면, 서구인은 실체이론을 더 수용하는 경향이 있음을 밝혔다. 한편 Su와 동료들(1999)은 중국인과 미국인의 상식이론을 바탕으로 자아에 대한 시각을 분석했다. 이 연구는 자아의 시각에서 단일한 믿음이나 크기에 대한 지지의 다양한 레벨에서 간단하게 설명될 수 없는 것들의 차이를 포함했다. 실험 결과, 미국인과 중국인의 개인적인 능력에 대한 신념은 유사했다. 그러나 중국인은 미국인보다 세계나 사회구조가 훨씬 더 경직돼 있다고 믿었고, 그 결과 개인에 대한 신념과 개인 적응에 대한 예상이 매우 상이하게 나타났다.

한편 상식이론의 이론적인 틀을 적용하는 데, 연구자들은 성격과 사회의 유연성에 대한 상식적인 믿음의 문화적인 시사점을 확인해왔다. 예를 들어 Chiu, Dweck, Tong(1997)은 개인들의 도덕적인 믿음은 실제 고정성이 그들의 인식과 관련이 있음을 주장했다. 구체적으로 이 연구에서 현실이 변하지 않는다(실체이론에 중점)고 생각하는 사람들은 도덕적인 믿음을 의무로 보는 경향이 있으며, 현실을 유연하다(증진이론에 중점)고 생각하는 사람들은 개인적인 권리에 가치를 두는 도덕적인 믿음을 고수하기 쉽다고 봤다. 연구자들은 현실에 유동적인 관점의 참석자들을 결정하기 위해서 참가자들을 은연중에 도덕성의 이론(개인의 기본적인 도덕 질의 가변성에 관한 그들의 믿음)과 세계의 이론(기본적인 사회조직의 성질에 관한 그들의 믿음)을 통해 평가했다. 그 결과, 실체이론을 믿는 사람들은 개인의 기본적인 도덕 자질과 사회기관 둘 다 변하지 않는다고 봤다. 반면 증진이론을 믿는 사람들은 이 둘을 동적으로 봤다. 한편 이 연구의 한 실험에서, 연구자들은 참가자들에게 특정한 도적적인 원칙(의무 기반적인 또는 권리 기반적인)을 파괴한 두 가지 상황에서 조금 더 용납할 수 없는 상황을 선택하라고 요청했다. 이때 드러난 것은, 의무 기반을 위반한 상황과 권리 기반을 위반한 상황이 혼재돼 있을 때, 실체이론을 믿는 사람들은 증진이론을 믿는 사람들보다 의무 기반을 위반한 상황을 선택하려는 경향이 있었다는 것이다. 이 결과의 의미를 찾기 위해 진행한 후속 실험에서 연구자들은 규칙 위반에 대한 사람들의 반응을 조사했다. 그들은 의무를 기반으로 둔 도덕적 프레임워크 내에서 잘못된 행동은 처벌을 받아야만 하고 바람직한 행동은 보상을 받을 자격이 주어지지 않는데, 이것은 의무에 대한 적절한 행동이기 때문이라는 가설을 세웠다. 그리고 대조적으로, 도덕성은 권리 기반의 시각에서 고려했다. 규칙 위반은 선천적으로 심각하게 보여지지 않을 것이라고 봤다. 실험은 이러한 예측들을 뒷받침하는 결과가 나왔다. 마지막으로 이 연구는 앞선 결과들에 대한 문화 간 일반성을 확립하기 위해 미국과, 미국보다 비교적 의무 기반적인 중국에서 실험을 진행했다. 그 결과 각 문화 내에서 보다 실체이론, 또는 증진 이론을 믿는 사람들이 존재하긴 했으나 문화 간 의무 기반 수준은 큰 차이가 있었다.

2) 인종에 대한 상식이론

최근에 여러 상식이론 연구에서는 인종의 관점으로 문화 심리 내에서 개인과 그룹에 관한 개인들의 시각에 접근했다. 이들은 비교적 엄격한 사회구조에 집중하기보다는, 사람들에게 그가 속한 그룹의 인종이 필수적인 가치인지 아닌지에 집중했다. 이는 개인들의 특성이 그룹 내 구성원의 인종적인 유사한 특성(고정관념) 때문인지 아닌지를 추론하는 데 영향을 미칠 수 있다. 만약에 누군가 개인은 태어났을 때부터 고정된 도덕적 특성을 가졌다고 믿는다면, 누군가는 사람들의 특정 그룹은 태어났을 때부터 고정된 도덕적 특성을 가졌다고 믿을 수 있는데, 이는 인종의 상식이론에 대한 접근의 출발점이라고 볼 수 있다. 인종에 대한 상식이론은 간단하게 개인들이 집단의 특성으로 잘못을 돌리는 궁극적인 특성 오류를 저지르기 쉽지 않으며, 오히려 인종을 개인의 집단이나 개인에게 주어진 유전적인 특성으로 본다.

이론적으로, 인종에 대한 상식이론은 자신과 다른 인종에 대한 인식 형성에 큰 영향을 미친다. 구체적으로 인종을 고정된, 그리고 자기 자신의 필수적인 특성으로 바라보는 시각은 어떤 이의 인종적인 정체성을 '변하지 않는 것'이라 보고 이를 지키기 위해 자신과 다른 인종 집단과의 거리를 멀게 두는 경향이 있다. 최근 자기 자신과 다른 인종 그룹들의 차이로 인지된 인종에 대한 고정된 믿음의 효과에 대한 연구가 많은 관심을 받고 있다. No, Hong, Liao, Wood, Chao (2008)는 미국계 동양인 인종의 고정된 관념을 지지하는 이론의 효과에 대해 검증했다. 그 결과, 미국계 동양인들은 전형적인 미국계 유럽인과의 차이가 생물학적인 인종의 차이에 대한 상식적인 믿음과 관계가 있다고 생각했다. 이 연구에서 인종의 특징이 고정적이라고 생각하는 미국계 한국인들은 미국 문화에 비추었을 때 미국 문화와 개연성이 덜했다. 그리고 좀 더 한국적인 방법으로 나타날 것이라고 예상했다(예: 기초적인 미국 문화에 대해 좀 더 전형적인 한국식으로 반응하는 것). 이와 유사하게 Choa, Chen, Roisman, Hong(2007)의 실험들에서 미국계 중국인들이 미국에서의 문화적인 경험에 대해 질문을 받았을 때와 문화 변화에 저항을 받았을 때에 대해 질문받았을 때, 생물학적인 인종(예: 서구인 vs. 아시아인) 관련 내용에 보다 감정적으로 반응했음을 보였다. 이들의 연구 결과에서 중요한 시사점은 인종에 대한 상식이론이 실제적이라기보다 추상적인 의미에서의 인종을 나타냈다는 것이다. 어떤 특정한 인종이나 민족성, 문화적 그룹에 대한 고려 없이 진행한 실험에서 연구자들은 인종적 집단이 문화적 집단과 동일하지 않을 수 있다는 것을 설명한다. 결과적으로 이러한 연구 결과는 미국 내에 넓게 퍼져 있는 인종, 문화, 지역적인 그룹에 대한 개인의 잘못된 혼동을 반영한다. 특히 미국에는 주류 백인종과 소수 집단에게 널리 공유되는 가정이 있는데, 이는 미국인이 곧 백인을 지칭한다는 것이다. 하지만 미국인은 다양한 인종으로 구성되었으며 이들 간에 공유되는 가치가 미국적인 문화라고 볼 수 있다. 이러한 상식이론의 선행연구 결과들은 지역적이고, 윤리적이고, 인종적이며 문화적, 사회적인 정체성이 심리적으로 혼동될 수 있으며, 이러한 용어들이 학문적으로 의미가 다를지라도 그들은 같은 것을 의미한다고 본다. 이를 가능하게 하는 것은 독특한 사고와 행동 양상으로 묶을 수 있는 그룹들이 어떤 공통적인 발달 궤적과 운명을 공유하고 있기 때문으로 볼 수 있다.

3. 가치의 상호주관적인 표상(Intersubjective representation)으로서의 문화

많은 미국인에게, 미국의 자유의 헌장은 인권, 자유, 그리고 독립이 가득한 사회를 만들기 위한 젊은 국가의 투쟁으로 상징화됐다. 남아프리카공화국의 사람들에게는 넬슨 만델라가 반인종 격리 정책에 대해 오랫동안 관여하고 투쟁하면서 궁극적으로 차기 반인종 격리 정책에 대해 리더십을 발휘함으로서 평화, 평등, 그리고 자유의 상징이

됐다. 문화는 종종 자유의 헌장이나 넬슨 만델라 같은 사회적 특징이 담긴 인물, 역사적인 사건, 그리고 문화의 전통에 의해 상징화된 가치들의 집합 또는 이 가치들로 만들어진다. 그러나 문화와 그들의 구체화된 상징적인 가치는 공동체의 구성원이 인식할 수 있도록 표상(representation)된다. 남아프리카공화국이나 세계가 넬슨 만델라를 상징적으로 인식하지 않았다면 그는 아마 남아프리카의 평화, 평등 그리고 자유로 상징화되지 않았을 것이다. 또한 자유의 헌장에 의해 구체화된 인권, 자유, 그리고 독립은 미국 문화에 중요한 요소다. 대부분 미국인은 역사적이고 문화적인 중요성을 알고 있기 때문이다. 이 관점을 더 확장하면, 문화적인 가치의 중요성은 문화적인 구성원이 합의한 대표적인 가치들로부터 온다는 것을 알 수 있다(Wan et al, 2007). 따라서 문화의 가치를 이해하기 위해, 문화의 구성원에 관하여, 그들이 합의한 가치의 표상을 이해하는 것이 필수다. 문화의 가치들은 문화의 중요한 일부분으로 구성되며, 이것들은 문화 구성원의 행동에 가이드 역할을 하게 된다.

1) 문화의 공유성(Sharedness)

문화는 공유되면서 형성돼왔다. 미국인의 대부분은 가족과 함께 칠면조 요리를 저녁을 먹으며 추수감사절을 기념한다. 이들은 추수감사절 저녁 시간에 칠면조 요리를 먹는 것이 미국 가족의 공통적인 관습임을 알고 있다. 유사하게, 기독교의 십자가는 인류에 대한 기독교와 예수의 희생의 상징이다. 대부분 기독교인들이 기독교 내에서 십자가의 의미를 인식하고 있기 때문이다. 이같이 인공물, 제사, 관습, 사고방식, 가치 그리고 믿음 모두가 문화의 일부분이 될 수 있다. 문화적인 요소들의 공유는 여러 문화이론가 사이에서 광범위하게 논의돼왔다. 그럼에도 불구하고 공통적으로 공유된 문화에 대한 개념화 시도는 많지 않다. 몇몇 이론가는, 문화가 특정 집단의 공통적인 관습이 그 집단에 속한 개인의 가치와 믿음에 공유되는 것이라고 했고, 다른 이론가들은 개개인의 현실적인 표상이 집단으로 공유된 것이 문화라고 했다. 구체적으로 Keesing(1981)은, 문화를 집단의 지식 속에서 공유된 체계라고 했다. 이 공유된 지식의 체계는 사람들 간에 서로 알고 있고, 믿고 있으며, 중요하게 여기고, 통용되는 이론처럼 받아들여진다. 따라서 어떤 단독적인 행동이나 태도, 믿음, 또는 가치를 위해서, 문화적인 공유는 동일한 행동에 대한 구성원의 참여, 같은 가치에 대해 갖는 동일한 태도와 믿음, 그리고 지지 확장이라는 의미가 있다. 다른 문화를 공유하는 일의 중요성은 한 문화에서 공통적인 표상에 일치된 정의를 구성원에게 확장하는 데 있다. 그런데 여기서 모든 구성원 사이에 완전하게 공유되는 문화는 드물며, 이는 문화적인 요소가 지금까지 축적해온 것을 완전히 균등하게 분배할 수 없음을 나타낸다. 일부는 다른 것들보다 좀 더 넓게 공유되고, 일부는 좁게 공유되며, 가장 넓게 공유된 것들은 종종 그 문화의 중심 특성이 된다.

문화적인 가치는 넓게 공유되기 때문에 문화의 관습과 정의의 가장 핵심에 있다. 문화적으로 중요한 가치들은 어디에서나 존재하는데, 이것들은 사회적으로 많은 상황에서 나타나고 또한 사람들과 사회에서 약속한 많은 관습과 연결된다. 예를 들어 미국에서 노력을 하면 좋은 결과가 온다는 문화적인 가치는 더 나은 미래를 위해 노력하라는 격언, 놀이, 광고, 그리고 교육 시스템의 형태에서 그들이 열심히 일할 때나 어떤 것을 즐길 때 사용되는 아이콘으로 관찰될 수 있다. 이는 문화에 공유된 가치로 볼 수 있다.

2) 문화적 가치의 객관성(Objectiveness)

문화 내에서 가치들은 개인적으로 비슷한 가치를 지닌 문화의 구성원에게 공유될 수 있다. 모든 개인은 개인의 특성으로 서로 관계 맺은 가치들의 집합에서 상대적인 중요성을 평가하는 개인 가치 평가 시스템을 가지고 있다. 비록 동일한 가치 시스템이 없다고 하더라도, 같은 문화 안에서 구성원이 개인의 가치를 평가하는 시스템들 간에는 중복되는 특정한 수준이 있다. 그런데 이러한 문화 내에서 일어나는 중복은 단순한 무작위 발생이 아니다. 이는 기본적으로 생각하는 것이 공통적인 문화 구성원에게 노출돼 특정한 문화 가치의 내면화를 향상시키는 문화적 환경의 결과물이다. 이와 관련해 Wan과 Chiu(2010)는 문화 구성원의 개인적인 가치 시스템은 문화의 가치 시스템의 의미 있는 표시로 사용될 수도 있다고 했다. 따라서 문화 구성원이 대부분 지지하는 가치들은 문화에서 대부분 중요한 가치라고 간주할 수 있다. 가치의 실제적인 자기 중요성에서 문화적인 가치의 중요성에 기반을 둔 이런 접근 방식은 문화의 구성원 사이에서 어떤 가치들이 객관적으로 공유되는지 지표를 제공한다.

그런데 선행연구들은 문화의 가치들과 몇 가지 이슈들이 공유된 가치를 객관적으로 문화의 중요한 가치로 활용하는 것에 대해 의문을 제기해왔다. 이들은 몇 가지 근거를 댔는데, 첫째로 문화 구성원의 개인적인 가치에 기반을 둔 문화들의 성격 묘사는 반드시 문화 전문가들의 예상과 일관되지 않았다. 둘째로 매우 다양한 정의가 문화에 사용되는 상황에서 나라와 문화 집단의 경계에는 민족, 언어를 공유하는 것을 넘어선 기준이 필요한데 그 기준이 없다. 이 주장은 문화의 가치들을 정확하게 반영할 때 문화를 표상하는 구성원의 대표적인 샘플이 필요한데, 이 샘플은 문화에서 관심이 있다고 명확하게 구분된 어떤 집단을 묘사함으로써 찾을 수 있지만, 전통 지식으로 공유된 모든 문화에서 명확하게 모집단이 구분돼 있지 않음을 지적한다. 세 번째로 세계화가 진행되면서 많은 사람이 두 개의 문화를 갖거나 심지어 다중 문화를 갖는 경우가 많다. 이렇게 자신이 지지하는 가치에 대한 반응은 그들이 노출된 다양한 문화에서 여러 가치로 뒤섞이기 쉽다. 이들은 한 문화를 표상하지는 못하지만, 이들이 증가하면 또 다른 의미에서의 독립적인 문화 형태가 될 수 있다. 선행연구들의 마지막 지적은 문화 가치의 중요성을 측정하는 방법과 관련된 문제다. 문화는 문화의 구성원에 의해 공유된 관습과 가치들을 포함하고, 실제로 상징적인 표상들을 문화의 구성원에게 분배한다. 이러한 상징적인 표상들은 구성원 간에 공유된다. 따라서 상징이 얼마나 정교한지, 그리고 공유가 얼마나 용이한지 등은 문화 가치의 중요성에 중요한 지표가 될 수 있을 것이다.

3) 상호주관적인(Intersubjective) 문화적 가치

문화적인 가치에서 전통적인 접근은 객관적인 공유성(objective sharedeness)에 기반을 두는 반면, 문화적인 중요성의 가치를 구성원의 인식에 초점을 맞춘 상호주관적인 동의 접근(intersubjective consensus approach)은 문화의 구성원이 무엇을 공통적으로 중요하게 느끼고 바라는지를 중요하게 본다. 이는 구성원의 자아개념이나 개인적인 가치를 고려하지 않는 대신 구성원이 공통적으로 문화의 가치에 대해서 어떻게 알고 있는지, 그리고 그 가치를 어떻게 평가하고 있는지에 초점을 둔다. 이러한 접근은 문화 구성원 사이에 상호주관성의 존재에 무게를 두게 되는데, 문화에 대한 구성원의 지식을 사용할 때, 문화적으로 중요한 가치는 지표 역할을 한다는 가정은 문화 구성원이 의미 있는 공통된 가치의 표상을 공유함을 의미하기 때문이다. 이 관점에 기반을 두고, 구성원은 그 문화의 핵심 가치를 공유할 뿐 아니라 다른 구성원끼리의 상호적인 믿음 또한 공유하게 된다.

사실 하나의 문화 내에서, 문화적 가치를 표상하는 것들은 그 구성원이 문화 전반적으로 경험과 참여를 통해 어떤 것을 건설하거나 협상하거나 유지하는 데 어느 수준의 합의를 거친 것이다. 개인들은 사회적인 의사소통에서, 같은 문화를 공유하는 다른 사람들과 함께 개인적으로 또는 단체로 참여하게 된다. 직접적인 의사소통에서 상호작용 범위는 두 명 이상 또는 그룹과 그룹 사이의 대화 수준으로 나눌 수 있다. 사회적인 담론은 사회적인 기관이나 대중매체 안에서 이루어진다. 이러한 상호작용을 통해 의미들은 공유되는데, 이는 개인들이 문화가 무엇인지 정보를 받을 뿐만 아니라 문화에서 무엇이 중요한지에 대해 만들고 보급함으로써 직접적 또는 간섭적으로 참여함에 기반을 두게 된다. 이러한 상호작용과 전파의 과정을 통해서, 문화의 누적된 표상들은 진화하고 발전하며, 반복적으로 후대에 전달된다. 그리고 이것들은 문화 내에서 사회적인 상호작용과 의미 있는 협상을 위한 공통된 선입견으로 여겨지며, 상호작용의 결과는 문화의 구성원 대부분이 지지하는 문화의 공통된 표상들의 집합이 된다.

4) 객관적인 가치와 상호주관적인 가치 간의 조화(Congruence) 및 문화 가치의 대표성(Reprensentativeness)

객관적인 가치와 상호주관적인 가치는 모두 문화의 지표로서, 이 두 가지 방법으로 확인된 문화적인 가치들 사이에는 공통점이 존재한다. 사람들은 그들의 개인적인 가치를 사회 상황들과 결부하고, 이 개인적인 가치들은 그들의 행동, 인식, 그리고 다른 사람들과의 상호작용에도 영향을 미친다. 문화 내의 구성원이 상호작용할 때, 그들은 문화 내에서 다른 사람들이 인정하는 개인적인 가치에 통찰력을 가지게 된다. 이러한 통찰력은 문화 가치 체계의 대표성에 기여한다. 따라서 문화 내 대부분의 구성원이 특정 가치를 강하게 지지하는 것은 그들이 중요하다고 믿는 것을 기대하기 위한 합리적인 행동이라고 볼 수 있다.

문화 구성원이 지지하는 가치와 그들의 집단적 문화 가치의 대표성 간에 일치하는 특정한 수준이 있다면, 문화의 구성원을 대표하는 샘플들이 사용되었을 때 실증적으로 발견하기 용이해진다. 그리고 대표적인 샘플을 사용하여 측정했을 때 문화의 가치 우선 순위를 잘 반영할 가능성이 높다. 그 대표적인 샘플은 모집단의 무작위 샘플에서 추출할 수 있으며, 해당 문화의 가치를 넓게 공유하는 전형적인(prototypic) 구성원으로부터 나올 수 있다. 반면, 특정 문화 집단을 대표하지 않는 샘플에서 얻은 문화적 가치는 지엽적이기 때문에 해당 문화를 대표하는 가치로 정의 내리기 어려울 수 있다. 예를 들어 문화에서, 그리고 문화적인 심리 연구에 걸친 관행은 조사 자원과 샘플 접근성이 제한되기 때문에 그들의 특성이나 개인적인 가치에 대해 물어보기 위해 지역 혹은 나라의 발달된 곳의 대학생들을 모집하는 데 그친다. 거기서 얻은 결과는 특정 국가 또는 지역 문화에 대한 통찰을 줄 수는 있다. 하지만 문화의 대표적 속성에 대한 편향을 제공하게 된다. 이 결과는 대학교 문화와 중산층 그리고 높은 교육을 받은 젊은 세대의 문화가 다를 수 있기 때문에 연구 결과의 일반화 수준이 낮아지는 것이다.

대조적으로, 상호주관적인 합의는 연구의 목표가 되는 문화를 다른 문화들과 혼동하지 않는다. 그리고 참가자들에게 구체적으로 그들이 목표하는 문화의 대표성을 가려내기 위해 질문을 한다. 사람들은 그 문화의 구성원으로 존재하기 위해 문화를 내면화하고 문화에 대한 지식을 쌓는 것을 필요로 하지 않는다. 심지어 문화의 비대표적인 구성원은 문화에 대한 지식을 활용할 수 있고 목표로 하는 문화에 대한 가치 중요성에 등급을 매길 수 있다. 비록 문화 내의 다른 하위집단들이 문화의 가치에 다른 대표성을 지니더라도, 대표성은 비슷한 구성 요소를 가질 가능성이 높다. 그리고 이렇게 유사한 요소들은 반복하여 전달된 결과, 문화에서 중심이 되기 쉽다. 그런데 어떤 선행연구도 같은 문화 내의 대표적인 샘플과 비대표적인 샘플을 직접적으로 비교하지 않았다. 대표적인 샘플과 더불어, 개인적으로 지지하는 가치로부터 확인된 두 가지 문화적 가치와 이미 구성원에게 인지된 문화적 지지는 문화 가치의 척도가 될 수 있을 것이나, 실증적으로 높은 상관관계를 보일 것이다. 하지만 비대표적인 샘플은, 구성원에게 인지된 문화적 지지가 개인이 지지하는 가치보다 목표하는 문화 가치에 대한 덜 편향된 측정 결과를 제공할 것이며, 이를 통한 가치 측정의 두 가지 유형 간에 상관관계는 낮을 것이다.

5) 문화의 현저성(Salience)과 내재화(Internalization)

자아는 여러 가지로 구성돼 있다. 집단적인 자아 또는 사회적인 자아는 사회 집단에서 개인의 멤버십과 관련이 있다. 사회적 정체성 이론의 관점에서는, 집단적 특성들이 개개인의 심리적 반응에서 두드러지고 이것이 집단적인 자아를 만든다. 자아 범주화 이론에 따르면, 상황적인 대비는 집단 사이에 특정한 경계를 만들어 사회적인 특성이 두드러지게 된다. 어떤 집단이 가진 멤버십의 현저함은 개인적인 자아 대신에 사회적인 자아가 선행되는 이인증(자기가 낯설게 느껴지거나 자기로부터 분리, 소외된 느낌을 경험하는 것으로 자기 자신을 지각하는 데 이상이 생긴 상태) 과정을 촉발하게 된다. 또한 개인들은 자아를 집단의 불변하는 구성원으로 보기 시작한다. 이인증의 결과는 자아-고정관념이다. 이는 개인들이 자아를 집단의 특성을 대변하는 모형(시제품)으로 보는 것이다. 그런데 문화적인 정체성은 정확히 문화로서 사회적인 정체성과 같지는 않다. 문화적인 정체성은 공유된 전통들의 지식을 의미한다고 정의된다. 그리고 정체성은 문화적 집단에서 멤버십을 포함한다. 따라서 사회적 정체성 이론에 의해 나타난 특정한 원칙들은 아마도 문화적인 자아에 적용할 수 있게 될 것이며, 문화적인 멤버십이 현저하다면, 자아-고정관념과 같은 과정이 일어날 수 있다. 자기-고정관념 과정은 집단적으로 문화에서 중요하다고 인지된 가치들로 이동하기 위해서 지지할 수 있을텐데 이러한 과정의 결과는 개인적으로 지지하는 가치들과 문화적으로 지지된 가치들의 높은 일치로 나타날 수 있다.

한편 객관적인 가치들의 공유를 통해서 문화적 가치의 중요성을 측정하는 것은 개인적으로 지지하는 가치들을 보여준다. 한편 상호주관적인 일치에 기반을 둔 문화적 가치의 중요성은 문화에 대해 사람들이 어떤 것을 알고 있는지를 보여준다. 문화 대부분의 구성원이 문화를 강하게 내재화했을 때, 문화 가치 시스템에 대한 지식은 구성원의 개인적인 가치 시스템이 될 수 있다. 문화와 자아 연구에서 내재적 가정은 문화가 문화 구성원이 가진 자기관념의 일부분으로 내재화된 것을 말한다. 문화 구성원의 자기관념을 이해하기 위해서는 문화의 중요한 특성을 이해해야 한다. 그러나 그것은 개인들이 문화와 자기를 문화의 요소로 내재화하는 정도에 따라 다르다. 문화적 자아는 문화적 확인 과정에서 협상된 산물로 볼 수 있다. 사람들은 공유된 문화의 전통 지식과 관련된 자신의 자아 위치를 선택할 때 능동적인 역할을 갖게 된다. 그러므로 어떤 문화에서도 강하게 문화를 확인하고 문화의 특정한 요소를 부각시키는 개인들, 그리고 문화의 지식 전통을 그들의 자기 대표성에 포함하지 않고 문화의 가장자리에 자아를 위치시키는 개인들이 공존하게 되는 것이다.

최근 관심이 높아지는 문화 심리 연구의 자아결정이론(self-decision theories)은 직접적으로 문화의 차별적인 내면화 이슈에 대해 다루고 있다. 자아결정이론에 따르면, 사람들은 문화에 공유된 규범에 대한 지식을 가진다. 그러나 이러한 규범들은 내재화의 수준이 다를 때, 외적인 규제를 통해 적용될 때 사람들의 행동을 상이하게 규제한다. 내재화의 수준이 낮을 때는, 사람들의 행동이 문화적인 규범들과 일치한다. 이는 외적인 보상과 압력 때문이다. 내재화의 수준이 높을 때 사람들은 자연스럽게 문화 규범으로 내재화된 자신이 지지하는 가치와 신념에 따라 행동한다. 최근 자기 결정 이론의 예측에 기반을 둔 실증적인 연구는 같은 문화 내 구성원끼리에서도 실제로 자아의 일부분으로 문화의 요소를 내면화하는 것이 다름을 보여준다.

6) 문화의 범주화(Characterization)

초문화 또는 문화 심리학 연구는 주로 상이한 문화권에 속한 구성원의 특성들을 조사함으로써 진행해왔다. 그러나 최근에는, 연구자들이 문화를 규정하는 이런 접근법의 유효성에 대해 의문을 가지기 시작했다. 개인주의와 집단주의에 대한 메타 분석에서(Oyserman et al., 2002), 문화 간 개인주의와 집단주의는 일관된 차이를 보여주지 못했다. 예를 들어, 일본인은 집단적인 반면에 미국인은 개인적이라는 것이 일반적인 생각이었으나, 메타 분석의 결과에서는 일본인이 미국인보다 더 집단적이지 않음을 보였으며, 심지어 미국인은 스페인계나 아프리카계에 비해 더 개인적이지 않음을 보였다.

한편 문화 구성원의 자기 가치 평가 사용의 타당성은 문화 가치의 측정도구로써 자기 가치들의 순수한 측정치를 얻는 데 어려움이 있다는 이유로 도전을 받아왔다. Heine, Lehman, Peng, Greenholtz(2002)와 Peng et al.(1997)은 사람들에게 개인적인 가치에 대해서 물었을 때, 그들은 판단하기 위해 종종 스스로 그들이 속한 사회 집단의 다른 사람들과 비교하게 되는데, 이때 준거집단의 영향은 개인주의적 그리고 집단주의적 문화에 대해서 물어볼 때 응답자들이 개인주의와 집단주의의 수준을 상대적으로 적게끔 유도함을 지적했다. 이들의 연구에 의하면, 정확하게 문화의 특성을 측정하기 위해서는 준거집단 효과의 최소화가 필요하다. 이를 통해 문화 지식에 대해 응답할 때 준거 집단과 자신이 비교되는 영향이 최소화돼야 한다.

이 연구결과의 의미는 문화가 문화 구성원 안에 공유된 개인적인 특성으로 이루어져 있으며, 문화의 구성원이 믿는 상징적인 표상들로 이루어져 있다는 것이다. 개인적인 특성들은 반드시 일치하지 않을 수 있기 때문에 이들에 의해 특징화된 문화는 같지 않을 수도 있다. 따라서 연구자가 특정 문화를 특징화할 때는 개인적인 부분과 구성원 간 공유되는 부분 모두 접근하는 것이 필요하다.

4. 문화의 자아 정의적(Self-Definitional) 기능

문화는 특정한 사회적 환경에서 부적절한 행동을 금지하고 문화적으로 용납하지 않음으로써 행동과 태도에 영향을 미친다. 개인이 문화의 가치와 신념들을 내재화했을 때 자신의 것이 된다. 가치와 신념을 행동으로 옮기는 사람들은 문화적 규범과 일관된 행동을 하는데, 따라서 문화는 인생을 가이드하는 자아의 정의로서 특징 지어지기도 하다. 문화와 자아의 관계에 대한 학문적인 접근은 Triandis(1989), Markus와 Kitayama(1991)로 이들이 연구에서 제시한 문화와 자아 간 관계 모형은 대표적인 프레임워크로서 후속연구에 사용되고 있다. Triandis(1989)는 자아개념의 세 가지 영역을 사적인 자아, 공적인 자아, 그리고 집단적인 자아로 확인했고, 문화에 걸쳐 다르게 샘플링하고 정리했다. Markus와 Kitayama(1991)는 문화에서 개인성과 사회성의 차이에 초점을 맞춘 두 가지의 자아 해석으로 독립적인 자아 해석과 상호의존 자아 해석을 확인했다. 이런 논의들은 문화와 자아에 대한 관심을 부흥시켰고, 시험할 수 있는 가정들과 문화적 과정에 대한 설명을 제공했다. 이 두 연구는 지리적인 조건에 따라 자아의 특정한 유형에 따른 보급의 차이에 대해 광범위한 연구를 만들어냈다. 그리고 문화 수준 변수(예: 개인주의–집단주의, 느슨함–견고함)와 개인 수준 변수(예: 자아개념, 자아해석) 사이의 체계적인 관계를 찾는 데 주력했다.

그런데 이들의 연구가 견고한 조사 프레임워크를 보였음에도 자기 보고(self-reporting)에서의 신뢰성 문제는 끊임없이 제기됐다(예: Oyserman, Coon, Kemmeleier, 2002). 여러 연구에서 진정한 자아의 객관적인 척도로서 자기 보고가 사용되는 것의 타당성에 대해 의문을 제기했다(Heine, Lehman, Peng, Greenholtz, 2002; Peng, Nisbett, Wong, 1997). 문화의 특징화는 주로 특정 문화에서 문화적인 지표를 생산한 것으로부터 개인들의 특징을 통합하는 것에 의존해왔는데, 관련 연구는 특정 문화에 소속된 사람들은 무의식적으로 그 문화의 특징을 내면화하기 때문에, 문화적인 식별이 같은 수준이라면 같은 정도를 소유할 것이라는 기본적인 가정에서 연구를 진행해왔다. 그러나 문화에 대한 지식을 갖는 것은, 문화의 식별성과 그에 대한 특징들을 지지하는 문화의 내면화를 필수적으로 수반하지는 않는다는 지적이 여러 연구에서 나왔다(Hong, Wan, No, Chiu, 2007; Spiro, 1992). 그리고 문화적 지식(또는 마음)과 문화적 자아의 구분에 대한 관심이 증대됐다. 사실 문화를 경험한 대부분의 구성원은 문화의 신념, 가치, 생활 관습, 규범, 그리고 다른 습관에 대한 지식을 어느 정도 가지고 있다. 하지만 문화에 대해 광범위한 지식을 가지고 있는 것이 문화에 대한 뛰어난 식별력을 나타내지는 않는다. 이는 동일한 문화권에서 자라거나 인종적으로 동일한 문화권에 소속된다고 하더라도 각 구성원이 갖는 사회적 경험이 다른 데 기인할 수 있다. 모든 구성원은 그 문화의 지식을 동일하게 복제해 저장하고 있지는 않으며, 문화적 지식의 일부는 공유 가능성과 공유성에서 다르게 나타난다(Freyd, 1983). 공유 가능성은 문화적 지식의 부분이 공유되기 쉬운지 아닌지를 나타내고, 공유성은 문화적 지식의 부분들이 얼마나 넓게 공유돼 있는지를 나타낸다. 그런데 어떤 문화적 지식의 조각들은 다른 지식들보다도 더 쉽게(높은 공유 가능성) 그리고 좀 더 널리(높은 공유성) 공유된다. 이러한 지식의 조각들은 그 문화의 대표적 지식이 되기 쉽고 실제로 공유되었거나 높게 공유되는 문화적 과정과 관련이 높다. 특정한 문화에서 살아가는 사람들은 중심적으로 정의되는 문화의 특성과 일치하는 지식들을 내재화하게 된다.

한편 자아개념은 개인의 인생 안에 여러 관계에서 다양한 자아 대표를 포함한다. Triandis(1989)가 구분한 자아는 개인적 귀인으로서의 사적인 자아, 다른 사람의 시각을 어떻게 일반화해서 인식하는지에 대한 공중 자아, 그리고 멤버십으로서의 집단적인 자아인데 후속연구들은 자아개념을 사적인 자아와 비슷한 개인적인 자아로 나누었고, 개인들의 관계에서 자아의 측면을 말하는 관계 자아로 나누기도 했다(Brewer and Gardner, 1996; Sedikides and Brewer, 2001). 그런데 이러한 자아 분류는 주로 다른 사람들과의 관계를 기반으로 한다.

Hong et al.(2007)은 이러한 전통적 자아개념에 개인의 자아개념의 일부를 의미하는 문화적 자아를 추가했다. 문화적 자아는 문화 전통 지식의 공유와 관련이 있다. 앞에서 논의했듯이, 문화는 집단 대신에 지식 전통에 의해 정의되는데, 비록 구체적인 전통 지식이 개인의 집단에 의해 공유된다고 하더라도, 문화는 가치, 신념, 관습, 그리고 전통 지식을 같이 구성하는 의미 있는 상징을 의미한다. 그러므로 문화적 자아는 전통 문화 지식의 내부화로 정의되고 집단 내 사람들에 관련하는 대신에 전통 지식과 관련된 자아로 정의된다. 문화적 자아는 개인들이 공유된 지식을 사용하기 위해 자아를 정의하는 과정에서 선택에 의해 발전할 수 있다. 이런 적극적인 선택은 전통적인 문화 지식을 사용한 경험에 의존할 필요가 없다.

그런데 이러한 문화적 자아는 집단적인 자아와 밀접하다. 집단 차원에서의 식별을 위해 사람들은 분류해서 그들 스스로 정의한다. 이러한 사회적인 분류는 사람들을 인종, 민족 또는 성 같은 그룹으로 나눈다. 사회적인 집단과 관련해서 강력한 집단적인 식별을 가진 개인들은 그룹 내에서 그들의 멤버십을 자아 정의의 한 측면으로 본다. 그러나 문화적 자아는 아이디어나 관습을 통해 그들 스스로 정의하도록 문화 식별을 위한 기본, 즉 지식 전통을 제공한다. 따라서 뛰어난 문화 식별을 가진 개인은 그 문화의 지식 전통을 자아를 정의하는 특성으로 간주한다.

5. 문화와 자아 향상(Self-enhancement)

사람들은 긍정적인 자아 인식을 가지길 원한다. 약 100만 명의 고등학생을 대상으로 실시한 칼리지 보드(College Board, 1976-1977) 설문 조사에서는 대상자의 2%만이 스스로가 리더십 능력이 평균보다 낮다고 인식했고, 다른 사람들과 잘 지내는 능력이 평균보다 낮다고 응답한 피험자들은 없다는 점을 찾았다. 다른 설문 조사에서도, 자신들이 평균 강의 수준보다 낮다고 생각하는 대학 교수들이 94%가 넘었고(Cross, 1977), 대학생들은 40개 중에 38개의 항목에서 개인 특성(예: 독립적인, 지적인; Alicke, Klotz, Breitenbecher, Yurak, Vredenburg, 1995)이 평균보다 더 낫다고 긍정적으로 평가했다. 그리고 뉴저지에 거주하는 사람들 중에 무작위로 선택된 296명은 다른 사람들보다 여러 가지 위험들로부터 영향을 덜 받는다고 인식하고 있었다(Weinstein, 1987). 많은 문헌은 이러한 긍정적인 자아가 가진 시각의 특성을 보다 구체적으로 보여줬다. 예를 들어, 비현실적으로 긍정적인 자아 인식을 가진 개인들은 긍정적인 자아를 유지하도록 동기부여가 된다(see Taylor와 Brown, 1988; Heine, Lehman, Markus, Kitayama, 1999). 긍정적인 자아 시각을 갖는 것은, 성공에 대한 내적인 이유들을 만드는 것과 실패에 대한 외적인 이유들을 만드는 것(예: Zuckerman, 1979; Heine Kitayama, Lehman, 2001), 그리고 잘못된 효과를 보여주는 것(예: Markus와 Kitayama, 1991)과 같은 편견들과 함께 비현실적인 낙천주의를 표현하는 것과 같다(예: Weinstein, 1980; Kuiper MacDonald, 1982). 자아 존중이 위협받았을 때 긍정적인 자아 시각을 유지하기 위해, 개인들은 아마도 자기 불구화 전략(예: Tice와 Baumeister, 1990), 방어적인 태도 변화(예: Steele, 1988), 공격적인 행동(예: Bushman과 Baumeister, 1998), 사회적으로 하향된 비교(예: Gibbons와 McCoy, 1991), 부정적인 반응(Heine, Kitayama, Lehman, 2001) 등 보상적인 자아 기만 행위들을 하게 된다.

긍정적인 자아 시각을 갖는 것은 더 나은 심리적인 행복(위협들에 대해 거의 걱정하지 않는 것을 반영; Greenberg et al., 1992), 그리고 더 나은 심리적인 건강(높은 수준의 행복, 낙관, 그리고 긍정적인 분위기를 반영; see Taylor와 Brown, 1988)을 포함한 중요한 결과를 많이 예측한다. 긍정적인 자아 인식은 긍정적인 효과의 중재 효과(Taylor와 Brown, 1988)와 지적인 기능(문제 해결의 효율성과 최적의 인지적 자원의 활용)을 촉진한다. 또한 긍정적인 자아 인식들은 동기부여(예: Bandura, 1977), 지속성(예: Baumeister와 Tice, 1985), 그리고 성과(예: Baumeister, Hamilton, Tice, 1985)의 상승과 관련이 있다.

자아 향상적인 인식의 심리상 이익에도 불구하고, 자아-향상 동기부여의 보편성에 대해서는 의문이 제기돼왔다. 예를 들어, Heine와 그의 동료들(1999)은 "실증적인 문헌들은 일본인 중에서 긍정적인 자아 고려에 대한 부족한 증거들을 제공한다. … 긍정적 자아 고려에 대한 요구는, 현재 개념화되었지만 북미 문화의 중요한 측면에 근거하고 있기 때문에 보편적이지 않다(p. 766)"라고 언급했다. 이 주장을 지지하면서, 문화 간 연구들에서 제시된 증거는 현재 동아시아인 사이에서 결여된 긍정적인 자아 고려의 심리적인 이익들을 제시하기 위해서 언급됐다(Heine et al., 1999). 한편 자아-향상적인 동기부여의 문화적 상대성에 관한 주장에 답하여, 어떤 연구자들은 최근에 동아시아인 사이에서 자아－향상과 이것의 심리적인 이득에 대한 증거를 찾았다. Brown(2003)은 "자아－향상 동기는 집단주의적 문화에서 생생히 그리고 확실히 존재하지만, 문화적인 규범은 이것의 표현을 제한한다(p. 604)"라고 결론지었다.

1) 자아 – 향상 동기(Self-enhancement Motive)

Heine와 그의 동료들(1999; 2007)은 동아시아에서 자아－향상 동기부여의 존재에 대해 세 가지 의문을 가졌다. 첫 번째, 동아시아인은 자기－향상을 유럽계 미국인만큼 하지 않았다. 예를 들어, 91개의 문화 간 비교 메타 분석 실험 중 Heine와 Hamamura(2007)는 88개의 비교에서 유럽계 미국인은 동아시아인보다 더 많은 자아－향상을 한다는 점을 찾았다. 이 문화 간 차이의 가중 평균 효과의 크기는 유의했다(d=.84). 게다가 유럽계 미국인은 48개 실험 중 44개의 실험에서 더 많은 자아 향상 경향을 보였다. 유럽계 미국인 사이에 자기 향상 편견의 가중 평균 효과가 컸다(d=.87). 대조적으로 동아시아인은 46개 실험들 중에서 24개의 자아 망각을 보였고 19개 실험에서 자기 향상을 보였다. 동아시아인 사이에서 자기 향상 편견의 가중 평균 효과의 크기는 유의하지 않았다(d=-.01). 두 번째, 자아－향상 연계 행동들은 동아시아인 사이에서는 드물게 나타난다. 예를 들어, 유럽계 미국인과 비교를 했을 때, 동아시아인은 ① 비현실적인 낙관주의의 수준이 낮았고(예: Chang과 Asakawa, 2003; Chang, Asakawa, Sanna, 2001; Geine과 Lehman, 1995), ② 성공에 대해 적은 내적 귀인과 실패에 대한 적은 외적 귀인(예: Heine et al., 1999), 그리고 ③ 독특성 착각 효과를 보이지 않으려는 경향이 있다(예: Markus와 Kitayama, 1991). 게다가 동아시아인은 다음과 같은 보상적인 자아 기만 과정들을 통해 긍정적인 자아 인식을 보호하지 않는다. 부정적인 반응이 감소하는 것(Heine, Kitayama, Lehman, et al., 2001), 실해한 과업에 대한 평가 절하(Heine, Kitayama, Lehman, et al., 2001), 그리고 실패 상황의 자아 관련성을 낮추는 것(Kitayama, Markus, Matsumoto, Norasakkunkit, 1997)이다. 마지막으로 동아시아인은 자아비판적이라고 밝혀졌다. 예를 들어, Markus와 Kitayama(1991)와 Heine과 동료들(1999)은 동아시아인이 자아비판적이고 수치심에 대해 민감하다는 점을 찾았다. 게다가 동아시아인은 지속적으로 자아 향상을 위한 기회를 선택한다는 점도 발견했다.

2) 자기 향상적 표현(Self-Enhancive expressions)에서의 문화적 차이

동아시아인 문화들에서 자아-향상이 모순되고 약한 경향, 즉 자기-향상 부재에 대한 증거는 전통적인 자아 향상 측정법에서 찾을 수 없다(Brown, 2003; Kim, Chiu, Peng, Cai, Tov, 2010; Kurman, 2003). 왜냐하면 비록 자아-향상 근원이 동아시아 문화들에서만 나타난다고 할지라도, 미묘한 형태들로 표출되기 때문이다. 그러므로 이러한 표현들은 연구자들의 주의를 끌지 못한다. 더 나아가 동아시아인 맥락에서 자아-향상 동기부여의 부재에 대한 논쟁은 크게 해석될 가치가 없는 시사점을 기초로 한다.

몇몇 연구자(Kim et al., 2010; Kurman, 2001, 2003; Sedikides, Gaertner, Toguchi, 2003; Sdikides, Gaertner, Vevea, 2005)는 이전의 하위 분과에서 요약된 결과를 보완하기 위해 대체 설명을 제안했다. 이 설명에 따르면, 동아시아에서 자기-표현과 자기-규제에 관한 규범들과 가치들은 자아—향상의 오만함과 뻔뻔함 같은 표현을 금지한다. 즉 동아시아인은 미국인과 같은 긍정적인 자아—고려를 원하지만, 자기—표현과 자기—규제를 지배하고 있는 문화적 규범들과 가치들을 고려하면, 미국인의 긍정적인 자아—시각을 문화적으로 받아들일 수 있는 방법으로 표현할 필요가 있다. 그러므로 동아시아인 맥락에서 자아—향상의 표현들은 간접적인 방법이 나을 수 있다.

3) 동아시아 문화에서 긍정적인 자아방어(Self-Regard)의 표현에 미치는 규범적 영향

(1) 변증법적인 자아(Dialectical self)

동아시아에서 만연한 자아의 개념인 방어적인 자아는 개인들에게 그들의 강점과 약점 그리고 결점까지도 인정하도록 장려한다(Spencer-Rodgers, Peng, Wang, Hou, 2004). 방어적인 자아의 시각으로부터, 어떤 사람의 약점이나 결점을 인정하는 것은 어떤 사람의 강함을 거부하는 태도를 수반하지 않는다(Chiu와 Hong, 2006). 그러므로 방어적인 자아의 지지는 실패의 객관화와 보상적인 자기—방어 전략들을 중요하지 않게 만든다. 왜냐하면 누군가는 긍정적으로 인식하는 동시에 실패를 인정할 수 있기 때문이다.

대조적으로 유럽계 미국인의 문화는 그들의 결점을 거부하기 위해 반대로 강점을 인식하는 개인들이 필요로 하는 자아—일치의 가치를 추구한다. 북아메리카인은 스스로 내향적이지 않다고 평가하고 싶어 그들이 외향적이라고 평가한 유럽계 미국인처럼 스스로 외향적이라는 내적 가치를 가지려고 한다. 하지만 한국인들이 스스로 외향적이거나 내향적인지를 평가한 것을 비교해보면, 동아시아 문화들에서는 자아 일치에 대한 요구가 약한 것이 명확하다(Choi와 Choi, 2002).

몇 가지 문화 간 연구(예: Kim, Peng, Chiu, 2008; Spencer-Rodgers et al., 2004)에서 밝혀진 증거들에 의하면 자아의 변증법적인 시각을 갖는 것은 부분적으로 동아시아인이 자아의 긍정적인 시각을 덜 표현하는 성향 때문이다. 변증법적인 자아는 긍정적인 자아 인식을 개인적인 약점을 인정하는 과정에서 분리하기 때문에 동아시아인이 전반적으로 스스로 낮게 평가한 점수를 인정하도록 조장한다.

이 주장은 두 가지의 시사점을 준다. 첫 번째, 동아시아인 중에서도 자아 인식에서 전체적으로 긍정의 수준이 낮은 사람들은 그들의 부정적인 자아 귀인을 더 많이 받아들이고, 그들의 긍정적인 특성을 받아들이는 데에도 주저하지 않는다. 두 번째, 동아시아 문화의 맥락에서, 자신의 약점을 인정하는 것은 자기 향상 동기부여보다도 변증법적인 자기 표현 스타일에 대한 집착을 반영하는 것인지도 모른다. 이런 생각들과 일치하게도, Kim과 동료들(2008)은 중국계 미국인의 자부심 차이는 주로 중국 피험자들의 자부심에 대한 것들(예: 나는 전체적으로 좋지 않다고 생각한다)과 관련된 부정적인 단어에 동의하는 높은 성향에 의해서 도출됨을 찾았다. 사실 중국인들과 미국인은 자부심과 긍정적으로 관련된 것들(예: 나는 품질 좋은 제품을 많이 가지고 있다고 느낀다)에 대한 동의는 다르지 않다.

(2) 겸손(Modesty)

동아시아 문화에서 겸손의 문화적 규범 또한 동아시아인이 긍정적인 자아 시각을 표현하는 방법에 영향을 끼친다. 겸손 규범(Modesty norm)은 긍정적인 자아 시각의 뻔뻔스러운 표현들을 금지한다. 동아시아에서 진행된 연구는 어린이들이 2-5학년 때부터 겸손 규범을 내재화하기 시작한다고 밝혔다(Yoshida, Kojo, Kaku, 1982). 동아시아 문화의 맥락에서, 자기 겸손 속성을 가진 개인들은 자기 향상 속성을 가진 개인들보다 더 호의적으로 인지한다. 또한 동아시아인은 어린 나이부터 자기 향상 경향을 보이는 타인을 비판하기 시작한다(Bond, Leung, Wan, 1982; Yoshida et al., 1982). 종합해봤을 때, 이러한 시사점들은 동아시아 문화에서 개인들이 대중과 그리고 대중적인 자아 시각의 직접적인 표현을 피하도록 사회화되는 것을 암시한다.

동아시아 문화들에서 겸손 규범의 보급은 왜 동아시아인이 유럽계 미국인에 비해 스스로 덜 긍정적으로 평가했는지 이유를 설명해준다. Kurman과 Sriam(2002)은 겸손 규범의 지지는 부정적인 자기 향상 정도와 관련이 있음을 찾았다(vs. 자기 비판). 일반적으로 겸손한 사람들은 비현실적으로 긍정적인 자아 인식을 직접적으로 표현하거나 이기적인 편견을 보여주는 것을 부적절하다고 본다(Kurman, 2001).

그런데 만약 동아시아인이 긍정적인 자아 시각들을 표현하기를 자기 표현의 겸손을 고려하기 때문에 주저하는 것이라면, 그들은 겸손 여부가 민감하지 않은 상황에서 자기 향상적인 행동들을 보다 적극적으로 할 것이다. 이 예측에 대한 많은 증거가 있다. 첫 번째, 집단주의 문화권과 행위 주체적 특징들, 겸손과 자아 향상 정도 사이의 부정적인 상관관계와 상호적 특성들에서 겸손과 자아 향상의 정도는 유의하지 않은 상관관계다(Kurman, 2001). 이 결과는 비록 겸손 규범이 행위 주체적 특징들에서 자기 향상을 금지할지라도, 집단주의적 특징들에서는 겸손 규범을 금지하지 않음을 암시한다. 실제로 최근 메타분석에서는 동아시아인이 집단적인 특성이나 행동에서 자기 향상을 보여준다. 두 번째로, 겸손 규범은 경쟁적인 관계에서 자기 향상을 금지하지 않는다. 연구에서는 동아시아인이 경쟁에서 졌을 때 보상적인 자기 보호 전략에 착수함을 보여줬다(Takata, 2003). 세 번째, 비록 겸손 규범이 스스로 긍정적인 자질에 대해서 자랑하는 것을 단념시킬지라도, 자기애의 표현들까지 금지시키지는 않는다. 최근 연구들은 비록 동아시아인이 미국인처럼 개인적인 자질에 대해서 자랑하지 않더라도, 미국인이 자기애를 표현하는 만큼은 자기애를 표현한다는 것을 보여준다(Cai, Brown, Deng, Oakes, 2007). 마지막으로, 동아시아인은 주로 자기표현에 대한 익명이 보장될 때, 자기 향상을 할 것이다. 또한 그들의 성공을 위한 내적인 이유와 그들의 실패에 대비한 외적인 이유를 만든다(Kudo와 Numazaki, 2003).

(3) 자기 개선(Self-improvement)

자기 개선은 동아시아 문화권에서 명백하게 자기 향상보다 우월한 또 하나의 문화적 규범이다. 동아시아인은 자기 향상에 강한 동기부여가 되면, 자존감 보호를 목적으로 방어적인 전략(예: 이기적인 편견들과 보상적인 자기 기만적인 과정들)을 사용하는 것을 피한다. 예를 들이, 실패에 대해 외적인 원인을 만들거나 부정적인 반응을 할인하는 것은 그들의 약점이나 자기 향상이 발생하는 데 중요한 실패들을 통해 배운 것을 인식하는 것으로부터 개인을 보호한다. 종종 자기 향상 동기부여는 자기 비판으로부터 온다. 그러므로 동아시아에서 강한 자기 향상 동기부여 문화는 동아시아인 사이에서 높은 자기 비판을 설명할 수 있다.

(4) 예방 초점(Prevention focus)

동아시아인은 유럽계 미국인보다 부정적인 결과들을 피하기 위한 동기부여가 많이 되고(좀 더 예방에 초점) 유럽계 미국인은 동아시아인보다 긍정적인 결과를 얻기 위해 동기부여가 된다(좀 더 촉진에 초점)

(Lee, Aaker, Gardener, 2000). 동기가 부여되는 상황에 따른 이러한 문화적인 차이로 알 수 있는 것은 동아시아인이 유럽계 미국인에 비해 긍정적인 자기 평가를 얻기 위해 동기부여가 덜 되고 긍정적인 자존감의 손실을 피하기 위해 긍정적인 전략을 선택하게 된다는 점이다. 이 주장과 일치하는 최근의 연구들은 동아시아인이 미국인에 비해 자기 표현에서 방어 초점 전략을 덜 받아들인다는 것을 밝혔다. 예를 들면 Kim과 동료들(2010)은 중국 피험자들이 미국 피험자들에 비해 긍정적으로 구성된 상태에 대해 덜 동의했다(예: 나는 똑똑하다). 하지만 미국 피험자들과 마찬가지로 부정적으로 구성된 상태에 대해서는 똑같이 부정했다(예: 나는 똑똑하지 않다). 또한 동아시아인이 유럽계 미국인보다 긍정적인 사건에 대한 비현실적인 낙천주의에 대해 덜 긍정적인 자세를 보인다고 하더라도, 동아시아인은 유럽계 미국인 만큼 부정적인 사건에 대해 비현실적인 낙천주의를 보였다(Chang et al., 2001). 이와 유사하게, 일본인은 남들에 비해 자신에게 일어날 긍정적인 사건들을 기대하지 않지만, 그들은 남들에 비해 자신에게는 부정적인 사건이 더 자주 일어나지 않을 것이라고 믿는다(Heine와 Lehman, 1995).

(5) 조화(Harmony)

동아시아에서는 관계 조화를 유지하는 것이 문화적으로 중요한 가치다(Markus와 Kitayama, 1991). 때문에 인지된 관계적인 조화로 동아시아인의 삶의 만족 수준을 미국인보다 좀 더 잘 예측할 수 있다(Kwan, Bond, Singelis, 1997). 조화 규범은 사람들 앞에서 긍정적 자기 평가의 직접적인 표현들을 억제한다. 이런 표현들은 자신의 긍정적인 특수성을 강조해 집단의 화합을 약화시키기 때문이다. 그럼에도 불구하고 조화 규범은 그룹 화합을 향상시키는 행동에 대해서 자기 향상적인 행동을 조장한다. 예를 들어, 비록 조화 규범이 편견의 금지를 제재하더라도, 조화 규범은 개인이 속한 그룹에 유리한 인식과 속성은 허용하고 심지어 조장한다(예: 개인이 속한 그룹의 높은 성과를 위해 내적인 속성을 만드는 것과 다른 그룹의 낮은 성과를 위해서 외부적인 속성을 만드는 것). Muramoto와 Yamaguchi(1997, 2003)는 이와 일관된 결과들을 일련의 실험을 통해 보였다. 그들은 일본인의 경우 성공과 실패에 대해서 자기를 내세우지 않는 기질이 있다고 하더라도, 집단의 성공과 실패를 위해서는 집단 이기적인(group-serving) 속성을 형성한다고 했다. 이렇듯 조화 규범은 스스로 관계의 인식에 비현실적으로 긍정적인 표현을 허용한다. 예를 들어, 일본인은 가장 친한 친구, 가족 구성원, 그리고 연인과의 관계들의 질(quality)을 다른 사람들을 인지하는 평균 수준보다 긍정적으로 인지한다(Endo, Heine, Lehman, 2000). 비록 동아시아인이 직접적으로 타인들과 자기관(self-view)을 의사소통하지는 않더라도, 중요하게 여기는 타인들로부터 자신을 평가받는 데 대해서는 호의적이다. 이를테면 일본인은 성공(실패)을 외부(내부) 요인들로 돌리려는 경향이 있다. 그들은 성공(실패)을 경험했을 때, 그들에게 중요한 타인(부모, 형제, 가까운 친구들)을 생각하는 반면, 실패에 대해서는 내적인 귀인을 한다(Muramoto, 2003).

요약하면, 동아시아인 또한 유럽계 미국인처럼 긍정적인 자기관을 표현하고자 하는 욕구가 있다. 그럼에도 불구하고 그들이 긍정적인 자기평가(self-evaluation)를 표현하는 방법은 자기표현(self-presentation; 변증법적 자아, 겸손)과 자기 규제(self-regulation; 자기 개선, 예방적 초점, 조화)를 지배하는 문화적 규범들과 일치한다. 동아시아인의 자기 향상은 연구자들의 주목을 좀 더 미묘하고 간접적으로 피했기 때문에, 자기 향상 동기부여는 동아시아 맥락에서는 존재하지 않는다는 성급한 결론으로 이어진다. 자기 표현의 욕구와 규범적인 예측들 사이의 역동성을 이해하는 것은 동아시아 문화의 맥락에 대한 성급한 결론을 바로잡는 데 도움이 된다.

4) 자기 향상(Self-enhancement)의 여러 논점들

동아시아인 사이에 현재 자기 향상 동기부여에 대한 다른 논점거리는 자기 향상이 동아시아 문화들에서 중요한 심리적인 혜택을 가져다준다는 것이다. 최근 연구들은 자기 향상과 다른 문화 흐름 속에서 개인의 심리적인 웰빙에 대한 변수와의 관계를 찾는 데 주목하고 있다. 이들은 겸손, 자기 개선, 변증법적 자기 표현, 예방에 초점을 둔 자기 규제, 그리고 조화와 같은 문화적인 요구들이 비록 동아시아인에게 유럽계 미국인이 하는 것처럼 자기 향상 행동들을 표현하지 못하게 하더라도, 자신을 남들보다 좀 더 긍정적으로 평가하는 방법으로 자기 향상을 한다는 것을 보였다. 또한 자기 향상 행동을 억제하는 것이 동아시아인의 맥락에서 주관적인 행복과 연결돼 있음도 보였다. 집단주의자와 개인주의자들의 문화를 비교한 연구에서 Jenny Kurman은 피험자들의 인지적 능력과 그들의 실제 능력의 차이에 접근하는 것과 평균 이상의 효과를 측정하는 것을 통해(피험자들이 속한 문화의 적절한 준거집단에서 평균적인 사람에 대한 개인적인 특성 평가) 자기 향상을 측정했다(Kurman, 2003). 연구자는 이런 자기 향상 측정들을 심리적인 행복지수(예: 자존감, 긍정적인 감정, 부정적인 감정, 감정적인 자기 비판)와 연관시켰다. 예상한 대로 집단주의 문화의 피험자들은 개인주의적 문화보다 자기 향상이 적음을 보였다. 그러나 자기 향상과 심리적으로 다양한 행복지수 간의 연관성은 개인주의자 그리고 집단주의자들의 문화 속에서 동등하게 높았다. 다시 말해서, 개인주의적 혹은 집단주의적 문화에서 온 것과는 상관없이, 자기 향상된 피험자들은 더 나은 심리적인 행복을 보였다. Kim과 Chiu(2010)는 홍콩과 미국 학생들의 학문적인 자기 향상을 비교했다. 피험자들이 인지하는 성과와 실제 성과의 불일치를 통해 자기 향상을 측정했다. 결과는 미국 피험자들에 비해 홍콩 피험자들이 자기 향상이 적게 됐다. 하지만 양쪽 모두에서 겸허해진 피험자들은 좀 더 우울해졌다. 결론적으로 문화에서 자기 향상적인 행동의 평균 수준에서 차이가 남에도 불구하고 문화에 걸쳐 이와 같은 행동은 심리적으로 같은 기능들을 제공하는 것으로 생각할 수 있다.

문화는 사회적인 규범과 상식적인 믿음, 가치와 관습, 그리고 이것들이 공유된 일상의 지식으로 이루어져 있다. 다른 문화의 구성원과 함께 문화에 참여하고, 커뮤니케이션을 통해 그들의 문화 안에서 공유된 현실을 이해하고, 그것을 행동의 가이드로 사용한다. 문화적 과정에서 커뮤니케이션의 역할은 광범위하게 논의돼왔다. 문화 차이에 따른 커뮤니케이션의 과정에 대한 연구는 방대한 반면, 어떻게 커뮤니케이션이 문화적 과정에 영향을 미치는가에 대해서는 상대적으로 논의가 적었다. 최근 여러 연구에서 다문화적 경험이 어떻게 문화 간의 커뮤니케이션에 영향을 미치는가에 많은 관심을 두었다(예: Chiu와 Hong, 2006). 이들은 문화 간의 효과적인 커뮤니케이션은 서로 다른 문화적 맥락에서 차별적인 적용에 대한 이해가 필요하다고 주장하며 다문화적 경험은 문화 간 차이를 학습할 수 있는 기회라고 봤다. 다문화적 경험을 통해 문화적인 차이에 대한 지식을 가진 사람들은 그에 따라 달라지는 문화적 맥락을 커뮤니케이션의 가이드로 더 잘 활용할 수 있다.

6. 다문화적 경험과 문화 간 커뮤니케이션

1) 문화적 과정에서 커뮤니케이션의 역할

문화는 사회에서 서로 연결된 개인과 집단 사이에 공유된(혹은 최소한 공유되고 있다고 인지하는) 의미 있는 것들이나 정신적 표상들의 집단으로 이루어져 있다(D'Andrade, 1987; Kashima, 2002; Wan et al., 2007). 커뮤니케이션은 문화적인 지식 표상이 타인에게 퍼지고 문화 안에서 공감된 지식이 합의되는 주요 경로다. 이에 대해 Sperber(1996)는 "반복적으로 커뮤니케이션이 이루어지고 최소한으로 변형되는 과정에서 대표적인 것들은 결국 문화에 속하게 된다(p. 88)"라고 했다. 역동적 사회적 영향 이론은 문화와 유사한 '의견의 공간적 클러스터'의 진화에서 커뮤니케이션의 역할에 대해 정교하게 설명한다(Latane, 1996; Latane와 Bourgeois, 1996). 이 이론에 따르면, 커뮤니케이션과 사회적인 영향을 통해 공간적으로 뿌려지기 시작한 의견들은 문화로 '스스로 조직(self-organize)'된다. 사람들은 사회적 상호작용에 참여할 때, 같은 지역에 사는 이웃처럼 그들과 물리적으로 가까운 사람과 커뮤니케이션하려는 경향이 있다. 이러한 전달 과정을 통해, 같은 지역에 사는 사람들은 다른 지역으로부터 온 사람들과는 다르게, 비슷한 의견을 공유하게 된다. 게다가 같은 지역 내에서는 이전의 관계없는 의견들도 같은 지역 사람들이 정의하는 안정적인 공동체의 의견에 동화된다.

이처럼 사람들이 모인 집단에서 의견이 형성되고 커뮤니케이션 과정은 이것의 안정화를 돕는다(Chiu, Leung, Kan, 2007). Kashima, Woolcock, Kashima(2000)는 사회의 전통적인 아이디어 재생산을 설명하기 위해 연결주의(connectionist) 모델을 제안했다. 이 모델에 따르면 각 문화 구성원은 연결의 네트워크 안의 단위다. 일련의 커뮤니케이션은 사람들이 네트워크 안에서 서로 정보를 주고받을 때 발생한다. 재생산은 기억 감퇴와 기존의 기억 구조에 영향을 미치는 주체고, 어떤 정보는 이 과정에서 왜곡되거나 변환된다. 몇몇 실험에서 이야기 재생산의 전형적인 예를 사용했는데, 연구자들은 틀에 박힌 정보 혹은 인습적인 정보들이 그렇지 않은 정보들에 비해 커뮤니케이션 과정에서 다른 개인들에게 유지되거나 변환되는 것을 찾아냈다(Kashima, 2000; Lyons와 Kashima, 2001, 2003). 연결주의 모델은 문화적 안정성이 어떻게 관습화되고, 널리 퍼진 정보와 기존의 고정관념과 일치하지 않은 정보들이 담긴 일련의 메시지가 재생산을 통해 어떻게 유지될 수 있는지 설명한다.

이 같은 이론적인 흐름과 반대로, 문화 간 커뮤니케이션은 문화를 부흥하고 심지어 변형하는 데 큰 역할을 한다. 상대적으로 피상적인 수준에서, 문화 간 커뮤니케이션은 외국 문화에서 새로운 아이디어 수입을 초래하고 문화적인 변화를 시험해볼 수 있는 가공되지 않은 재료들을 제공한다. 전통적이지 않은 아이디어들은 일련의 커뮤니케이션 테스트에서 살아남을 가능성이 낮고, 대부분 외국 문화에서 수입된 아이디어들은 현재 문화에서 유지되지 못한다.

성공적인 커뮤니케이션은 아이디어를 받아들이는 문화에서 유통하는 데 세심함이 요구되고, 의사전달 메시지와 양식의 맞춤화, 지식, 선호, 믿음 등을 받아들이는 사람들은 문화의 가치들에 대한 고려가 요구된다. 따라서 성공적으로 다문화 간 커뮤니케이션을 하려는 사람들은 해당 문화의 미묘한 차이에 대한 이해와 그 문화의 커뮤니케이션 메시지를 수용할 수 있어야 하고 커뮤니케이션의 방식을 받아들일 준비가 돼야 한다. 이러한 면에서, 문화 간 커뮤니케이션은 문화 간 학습 과정의 시작점이 될 수 있고, 일련의 커뮤니케이션은 외국 문화에서 오는 전통적이지 않은 관념들에 대한 새로움과 낯선 방식에 대한 새로움을 줄일 수 있다. 우선 문화 간 맥락에서 이런 과정들이 일어날 수 있고 적어도 사람들 또한 외국 문화를 접할 때 이런 과정을 겪을 수 있다. 결과적으로, 문화 간 상호작용이 종종 일어나는 이런 관념들은 전달자의 다중문화적인 정체성에 편입될 수 있다. 이러한 이유들 때문에 문화 간 커뮤니케이션은 이론적으로 기본적인 '문화적 과정'을 이해하는 데 중요한 현상이라고 할 수 있다.

2) 문화 간(Intercultural) 커뮤니케이션에서의 장애물

비록 문화 간 상호작용들이 대부분 성공적이고 효과적인 문화 간 커뮤니케이션을 이끈다고 해도, 효과적인 문화 간 커뮤니케이션에는 문화적이고 심리적인 장애물들이 많다. 몇 개의 장애물은 문화 간 사람들의 개인적인 수준과 관련이 있다. 그리고 커뮤니케이션 스타일에서도 문화적인 차이가 관련이 있다.

(1) 개인 수준에서의 장애물

사람들은 다른 문화에서 온 사람들과 상호작용할 때 현저하게 걱정과 괴로움을 느낀다. 또한 문화 간 교류가 있을 때 감정의 양면 가치와 문화충격을 경험하게 된다(Hong, Wan, No, Chiu, 2007). 그러므로 문화 간 커뮤니케이션에 참여하는 것은 어느 정도 정신적인 준비가 필요하다. 어떤 사람들은 다른 문화에서 온 사람들과의 상호작용에 의지적인 면에서 조금 덜 준비가 돼 있다(Chen과 Isa, 2003). Kim (1997)은 '준비됨(preparedness)'이라는 단어를 문화 간 만남에서 차이를 받아들이는 개인의 잠재적인 차이를 지칭하는 데 사용했다. 준비된 개인과 비교했을 때, 문화 간 상호작용에 취약한 사람들은 그러한 접점에서 좀 더 심하게 걱정과 괴로움을 겪을 것이다. 이는 그들이 문화 간 학습에서 덜 적극적이며 문화 다양성의 특징들을 넓게 인지하고 반영하는 데 덜 준비돼 있기 때문이다.

한편 완고한 태도도 문화 간에 효과적인 커뮤니케이션을 하는 데 또 다른 장애물이다. 관점이나 생각의 다양성에 대해서 수용적이고 새로운 경험들에 대해 고맙게 느끼는 사람들은 경험에 대해 열려 있다(Costa와 McCrae, 1992; McCrae와 Costa, 1997). 경험에 열려 있는 사람들은 새로운 문화적 경험과 문화 간 상호작용을 통해 배우려는 태도를 가지고 있다. 이와 대조적으로, 개방 수준이 낮은 사람들은 외국 문화를 접할 때 압도당하고, 충격을 받고, 심지어는 위협을 느낀다(Leung과 Chiu, 2008). 그러므로 새로운 경험에 개방적이지 못한 사람들은 서로 다른 문화경험에 대해 부정적으로 평가할 수도 있다. 이런 사람들은 문화 간 커뮤니케이션을 시작할 준비가 잘 되지 않은 사람들이다.

(2) 커뮤니케이션 스타일에서의 문화적 차이

문화 간 커뮤니케이션에 준비가 된 개방적인 사람들 중에서도 다른 문화권(커뮤니케이션 규범과 스타일이 분명한 차이가 있는) 사람들과 효과적인 커뮤니케이션이 어려울 수 있다. 이런 사람들은 상대편 문화의 상호작용 스타일에 대한 충분한 지식을 가지고 있지 않기 때문이다.

문화 간 커뮤니케이션 연구는 문화 사이의 커뮤니케이션 규범이나 방식의 차이점에 대해 주로 이루어졌다. 힘의 거리(Power distance)는 문화 간 커뮤니케이션 방식에 영향을 끼치는 가장 주요한 요인이다

(Cody와 McLaughlin, 1985; Wish와 Kaplan, 1977). 예를 들어, 감독자의 역할에 배정된 사람들은 좀 더 대립을 일삼는 갈등 운영 기술들을 사용하는 경향이 있는 반면에 하급자에 배정된 사람들은 감독자 역할에 비해 지배 전략을 적게 사용하는 경향이 있다(Putnam과 Wilson, 1982). 문화 차이는 구성원이 커뮤니케이션 맥락에서 파워나 지위의 차이에 따라 민감하게 받아들이는 정도가 다를 수 있다. Brew와 Cairns(2004)는 서구 사람들과 비교하여 동아시아인이 갈등을 조정할 때 지위 차이의 논쟁에 대해 더 민감하다고 했다. 동아시아인은 관리자일 경우에 하급자일 때보다 직접적인 방식을 사용한다. 다른 연구(Lee와 Rogan, 1991)에서는 한국인들은 힘과 지위가 커뮤니케이션 하는 상대보다 높다고 인식하면 커뮤니케이션이 좀 더 대립적인 것을 밝혔다. 반면에 미국인은 그들의 상대적인 힘이나 지위의 차이에도 불구하고 같은 커뮤니케이션 방식을 유지하는 것을 볼 수 있다.

커뮤니케이션 규범과 방식에 나타나는 문화적인 차이에서 문화 간 커뮤니케이션을 효과적으로 예측할 수 있는 주요 변수는 커뮤니케이션 하는 사람들이 스스로 효과적인 커뮤니케이션을 위해 활용할 수 있는 상대방 문화의 커뮤니케이션 규범과 방식에 대해 얼마나 정확하게 아는지에 달려 있다. 이런 관점에서 다중문화적인 경험들은 효과적인 문화 간 커뮤니케이션을 촉진할 수 있는 지식을 얻을 수 있는 기회들을 부여한다.

3) 문화 간 역량(Intercultural competence)의 커뮤니케이션 모델

사회 역량 모델의 연장으로, Chiu와 Hong(2006)은 문화 역량 모델을 제안했다. 사회 능력은 상황 변화의 심리적인 의미에 대해 한 신호를 인지하는 사람들의 민감성을 의미하고, 특정 상황에서 적절한 행동 전략들을 차별성 있게 사용하는 것을 말한다(Cheng, Chiu, Hong, Cheung, 2001). 문화 역량은 문화 간 상호작용에서 가치 있는 목표를 달성하기 위해 문화적인 시각을 바꾸는 것과, 문맥상 적절한 문화적 지식을 적용하는 데 문화 집단과 유동성에서 지식의 배포에 대한 민감성을 나타낸다.

이 모델을 문화 간 커뮤니케이션에 적용하면, 효과적인 문화 간 커뮤니케이션은 상대방이 스스로 문화와 커뮤니케이션 하는 상대방의 문화에 대한 지배적인 선호와 규범의 미묘한 부분까지 이해했을 때, 문화 간 커뮤니케이션에서 문화적으로 민감한 예외들을 유동적이고 차별적으로 적용할 수 있을 때 가능하다고 볼 수 있다. 이는 자신의 문화 그리고 외국 문화(들)는 넓은 경험들을 통해서 공유된 지식을 얻을 수 있기 때문이다. 게다가 문화 간 커뮤니케이션에서 다문화적인 경험들은 실제로 차별적인 문화 지식을 사용하는 데 기회를 제공한다. 그러므로 다문화적인 경험들은 문화 간 효과적인 커뮤니케이션에 기여한다.

(1) 지식 추정(Knowledge estimation)과 커뮤니케이션

특정 문화에서 선호하는 공유된 규범들의 정제된 지식을 갖는다는 것은 문화 내에 구성원과 효과적으로 커뮤니케이션 하는 데 중요하다. 이 가정과 일치하는 연구들은 같은 공동체 내의 타인과 커뮤니케이션을 할 때, 사람들이 그 안에서 공유된 지식들에 대한 기억 지식을 인출한다는 점을 보였다(Keysar, Barr, Balin, Brauner, 2000). 이 지식은 동일 문화 내에서 상호적으로 알려져 있고 공통된 배경에 의해 만들어진 것이다. 실제로 사람들은 공동체에서 사람들이 무엇을 알고 무엇을 모르는지에 대해서 비교적 정확하게 알고 있다. Fussell과 Krauss(1992)의 실험에서 미국 대학생들은 우디 앨런이나 조지 부시 같은 유명 인사의 사진을 봤다. 각각 집단에서, 그들은 대상을 얼마나 식별할 수 있는지를 평가했고, 가능하면 대상의 이름까지 답하게 했으며, 그들이 대상의 이름을 식별한 비율을 측정했다. 대학생 피험자들은 유명 인사에 대해 정확히 평가했다. 이어진 실험들에서 학생들이 동료의 다른 일상에 대한 지식의 평가도 같은 결과가 나타났다(예: 주방 기구들). 같은 방법론을 쓴 다른 연구에서(Lau, Chiu, Hong, 2001), 연구자들은 홍콩의 피험자들에게 마카오 같은 홍콩의 랜드마크와 뉴욕에 대한 타인의 지식을 평가하도록 요청했다. 객관적으로 랜드마크에 대해서 아는 사람들의 비율을 측정하기 위해, 피험자들에게 랜드마크의 식별을 요청했다. 다시 한 번, 실험의 피험자들은 공동체 내에서 랜드마크에 대한 지식의 분포에 대해 정확하게 평가했다. 게다가 사람들은 메시지 발생을 설명하기 위해 그들의 사회적 지식을 사용했다.

그런데 널리 알려진 지식에 대해 묘사를 해야 하는 상황에서 사람들은 보다 간결하고 압축된 정보를 기술했다. Fussell과 Krauss(1992) 실험에서 피험자들은 그룹 내 수신인들을 위해 기술해달라고 요청받았다. 이를 통해 그룹 내에서 유명인사에 대한 기술 내용이 일치하는지를 보기 위함이었다. 피험자들은 그들의 문화에서 좀 더 널리 알려졌다고 생각하는 유명인사에 대해 친숙하지 않다고 생각하는 유명인사보다 좀 더 짧고 간결한 메시지를 만들었다. 다른 한 연구에서는 사람들이 그들이 속한 공동체에서 널리 알려졌다고 가정된 랜드마크의 그림에 대해 기술해달라고 요청받았을 때, 축약된 형태로 기술했다(Lau, Chiu, Hong, 2001). 심지어 묘사를 요청했으나 그 랜드마크의 이름만을 언급한 경우도 있었다(예: 이것은 자유의 여신상이다). 홍콩, 중국 피험자들은 그룹 내 수신인들이 랜드마크에 대해서 식별할 수 있도록 랜드마크에 대해서 기술해달라고 요청받았다. 반복해서, 피험자들이 수신인이 갖고 있는 랜드마크에 대한 지식의 평가에 맞춰 작성한 메시지에 따르면 그들은 친숙하지 않은 랜드마크보다 더 알려졌다고 가정하는 랜드마크들에 대한 기술이 더 짧았다. 게다가 Isaacs와 Clark(1987)은 미국 피험자들이 뉴욕 주의 랜드마크들을 그룹 내 다른 사람들에게 설명하는 데 랜드마크가 유명할 때(예: 자유의 여신상), 그렇지 않을 때(예: 그랜트장군국립기념지)에 비해서 간단하게 랜드마크들의 이름만 언급하는 것을 밝혀냈다. 이 결과와 일맥상통하게, Lau, Chiu, Hong(2001)은 홍콩과 중국 피험자들이 홍콩 사람들 내에서 유명하다고 믿는 랜드마크들(vs. 유명하지 않은 경우)을 언급할 때 좀 더 랜드마크의 이름을 언급하는 점을 찾아냈다. 그런데 Lau, Chiu, Hong(2001)의 실험은 지적될 수 있는 내용을 포함하고 있다. 우선 이 연구가 실험에서 사용한, 잘 알려진 랜드마크들에 대한 기술의 길이가 상대적으로 짧았다고 해도 피험자들이 친숙하지 않은 랜드마크들의 자세한 부분까지 잘 말할 수 있는 사람들일 수도 있었다는 점을 간과했다. 이를 반영하듯 랜드마크들을 식별하기 위해서 기술해달라고 요청받은 같은 캠퍼스의 학부생들을 그룹으로 나누었을 때, 상대적으로 잘 알려진 랜드마크를 짧게 기술한 것과 상대적으로 친숙하지 않은 랜드마크를 자세히 기술한 것을 해독하는 정확성은 동일하게 높았다.

종합적으로 봤을 때, 정제된 지식에 대한 증거는, 사람들이 그들의 문화에서 지식의 배포와 수신인들을 위한 커뮤니케이션적인 메시지를 만들기 위해서 사용할 수 있는 것으로 볼 수 있다. 사람들은 의도된 지시적인 의미를 효과적으로 커뮤니케이션 하기 위해서 수신인의 지식을 고려해 메시지를 만들고 충분한 정보가 담긴 메시지를 생산할 수 있어야 한다. 만약에 사람들이 문화 몰두(immersion)를 통해서 사회적 지식을 획득할 수 있다면, 여러 문화에서 광범위한 경험을 가진 사람들은 다른 문화들에서 알지 못하는 미묘한 지식을 가질 수 있다. 이러한 사람들은 다른 문화적 배경을 가진 수신인들을 위해 메시지를 만들 때 적절한 지식을 사용할 수 있다. 이런 관점에서 나온 다문화적인 경험들은 상대적으로 효과적인 문화 간 커뮤니케이션이 동반된다.

(2) 다문화적(Multicultural) 경험과 상호문화적(Intercultural) 커뮤니케이션

대체로 상호문화적 커뮤니케이션은 사람들이 두 문화를 말하거나 상이한 문화끼리 상호작용을 할 때 일어난다. 여러 개의 문화 안에서의 몰두를 통해, 다문화적인 개인들은 다른 문화 사람들이 무엇을 알고, 무엇을 믿고, 어떤 것을 선호하는지에 대해 정제된 지식을 얻을 수 있다. 만약에 그들이 내용과 커뮤니케이션 방식을 지식, 믿음, 선호하는 것들, 가치라는 문화적인 차이들의 미묘한 이해 아래에서 커뮤니케이션을 한다면, 그들은 문화적 배경이 다른 사람들과 커뮤니케이션할 때 효과적으로 진행할 수 있다. 이 개념과 일치하게, Wiseman (2002)은 다른 문화에 대한 태도와 지식이 문화 간 커뮤니케이션을 하는 데 주요한 기여 요소라고 주장한다. Wiseman(2002)은 "커뮤니케이션자의 방식, 맥락, 다른 문화 구성원과 커뮤니케이션 하는 데 지배하는 규범적인 예측들에 대해서 많이 아는 사람은 많은 정보를 필요로 한다(p. 211)"라고 지적한 바 있다.

그간 여러 연구는 상호문화적 상호작용(intercultural interaction)에 대한 이론을 주장해왔다. 예를 들어 Chen과 Isa(2003)는 외국에서 온 사람들과의 잦은 상호작용이 미묘한 문화적인 차이들에 대한 섬세한 이해력을 키울 수 있는 문화적인 배움의 기회가 된다고 설명했다. 상호문화적 커뮤니케이션 연구의 네트워크 접근법에서, Kim(1986)은 문화적으로 여러 종류로 이뤄진 개인적인 네트워크를 가진 사람들은 높은 수준의 상호문화적 커뮤니케이션 수용 능력을 가진 경향이 있다고 주장했다. 높은 수준의 상호문화적 커뮤니케이션 수용 능력은 문화 간 접점에서 세 가지 능력을 반영한다. ① 지식을 얻고 의미를 알아차리는 능력, ② 감정을 적절히 드러내고 문화적으로 적당한 관습들을 수용하는 경향, ③ 유연하고 임기응변하는 능력이다. 다문화적인 사람들은 문화적으로 여러 종류의 사회적 네트워크들을 가지고 있으며(Leung, Maddux, Galinsky, Chiu, 2008), 이로 인해 문화적인 학습(cultural learning)에 참여할 기회가 많다. 때문에 이런 사람들은 문화적 차이에 대한 미묘한 이해 능력이 더 많이 발달되었고 효과적인 상호문화적 커뮤니케이션이 가능하다.

이와 관련해 효과적인 상호문화적 커뮤니케이션을 하는 사람들의 개인 특성을 연구한 Arasaratnam과 Doerfel(2005)의 결과는 주목할 만하다. 이 연구는 상호문화적 커뮤니케이션 능력에서 필수적인 지식과 동기부여를 발견했다. 구체적으로 능력 있게 상호문화적 커뮤니케이션을 하는 사람들은 타인 중심적이고 관찰력이 있었다. 또한 민감하고 타인들에게 개방적이었다. 좀 더 중요한 것은, 그들은 문화적인 문제들에 대해서 지각하고 흥미가 매우 강했다는 점이다. 이러한 상호문화적 경험과 민족 중심적이지 않은 글로벌 시각은 다른 문화들의 규범이나 관습을 더 쉽게 배우도록 만든다.

한편 상이한 문화는 특정한 도메인에서의 상식이론이나 선호, 그리고 규범들에서 상대적으로 우월한 정도에 차이가 있다. 예를 들어 각각의 자기 조절(Self-regulation) 방식의 선호도에서(Lalwani, Shrum, Chiu,

2009), 갈등을 관리하는 스타일이 다르고(Fu, Chiu, Morris, Young, 2007), 전략 협상들(Fu et al, 2007)의 차이도 명확하다. 이에 대해 다룬 선행 연구들은 지식 추정, 설득적 커뮤니케이션, 커뮤니케이션의 방향, 그리고 갈등 해결이라는 관점에서 살펴볼 수 있다.

① 지식 추정(Knowledge estimation)

Zou et al.(2009)은 미국 대학생들에게 두 개의 자아 조절 선호(self-regulatory preference)를 측정할 수 있는 조절 초점 질문지(Higgins et al., 2001)를 주고 응답하게 했다. 그중 향상 초점(promotion focus), 혹은 이상에 대한 열망에 동기를 부여받는 경향은 개인적인 이상을 추구하고자 하는 개인의 역사로부터 발전됐다. 또 다른 하나인 방어 초점(prevention focus), 혹은 의무를 달성하고 동기를 부여받는 경향은 사회적인 반감을 성공적으로 회피하려는 개인의 역사로부터 발전됐다. 조사를 통해 연구자들은 실제로 미국 대학생들의 향상 초점과 방어 초점의 상대적인 선호가 다름을 발견했는데, 미국 대학생들은 방어 초점보다 향상 초점에 선호도가 약간 높았다.

한편 Sui, Zhu, Chiu(2007)는 미국, 홍콩, 그리고 베이징의 대학생들을 대상으로 일반적인 미국의 대학생들이 조절 초점을 묻는 질문에 대해서 어떻게 응답할 것인지를 추정하도록 했다. 그 결과 미국 문화에 대한 경험이 더 많은 영국과 홍콩 대학생들이 베이징 대학생들에 비해서 미국 학생들의 실제 반응과 유사한 응답을 했다. 이는 미국 문화라는 지식에 얼마나 경험이 있는지가 미국 학생들의 반응을 얼마나 정확히 추정할 수 있는지와 직결됨을 보이는 것이다.

같은 방법론을 이용한 다른 연구(Leung, Chiu, Hong, 2003)에서, 연구자들은 두 문화를 가진 중국계 미국인과 단일 문화를 가진 유럽계 미국인의 보통 중국인과 보통 유럽계 미국인이 조절 초점 질문지(Higgins et al., 2001)에 대해서 어떻게 반응할 것인가에 대한 응답을 비교했다. 미국 학생들은 중국 학생들보다 방어 초점에 대한 선호가 높았다. 더 중요한 것은, 중국계 미국인은 향상 초점에서 미국인과 중국인의 차이들을 정확하게 평가한 반면에 유럽계 미국인은 중국인이 미국인보다 향상 초점에 대해서 더 높은 선호를 보일 것이라고 정도에 벗어나게 믿었다. 종합해보면, 이 결과는 미국 문화에 노출된 정도가 미국 학생들의 동기적인 선호(motivational preferences)에 대한 추정의 정확성과 관련이 있음을 알 수 있다.

② 설득적(Persuasive) 커뮤니케이션

문화적인 차이에 대해 미묘한 이해를 더 잘할 수 있는 점을 제외하고, 이중문화적인(bicultural) 사람들은 한 문화적인 사람들보다 수신자의 문화에 기반을 둔 커뮤니케이션에 더 수월함을 느낀다. Leung과 colleagues(2003)는 두 번째 연구에서, 피험자들에게 그들이 국제 보험회사에서 일하는 것을 상상하라고 요청했다. 그들의 일은 중국 혹은 미국 고객이 의료 보험에 가입하도록 설득하기 위한 세 개의 주장을 만드는 것이었다. 고객의 문화 정체성은 피험자들에게 제시된 개인의 프로필에 미묘한 방식으로 삽입됐다. 중국계 미국인은 미국 고객을 설득하기 위해 좀 향상 초점적인 주장을 만들었고, 이는 중국인과 달리 미국인이 향상 초점에 대해 선호도가 더 높다는 평가와 일치한다. 반면에, 유럽계 미국인은 대부분 미국 그리고 중국 고객 모두에게 향상 초점적인 주장을 만들었다. 이것이 시사하는 바는 이중문화적인 사람들은 수신자들의 문화적인 정체성에 기반을 둔 설득적인 커뮤니케이션의 내용으로 메시지를 만들 수 있음을 의미한다.

③ 커뮤니케이션에서의 방향성

커뮤니케이션에서 이중문화적인 사람들의 유연한 행동의 다른 사례로서, 프로테스탄트 관계적 이데올로기를 생각해볼 수 있다. 이 이데올로기는 직접적인 커뮤니케이션에 대해 규정하고, 노동(vs. 비노동)과 관련된 일에서 감정적인 무심함을 금지했다(Sanchez-Burks, 2002; Sanchez-Burks, Nisbett, Ybarra, 2000). 이 이데올로기는 17세기와 18세기 미국에서 활성화된(Weber, 1947)된 칼빈주의 프로테스탄트의 사회적인 관습과 믿음에서 발전했고, 동아시아 문화보다 서구 문화에서 좀 더 많이 확산됐다. Sanchez-Burk et al.(2013)은 노동 혹은 비노동적인 상황들에서 제시된 간접적인 메시지를 해독하는 데 발생한 오류들에 접근하는 것(실험 1)과 간접의 정도를 동료들이나 비노동자인 지인들에게 표현한 자기 보고 점수들을 수집하는 것(실험 2)을 통해, 오직 미국인만 일하는 상황에서 일하지 않은 상황보다 간접적인 단서들에 덜 신경 쓰는 것을 발견했다. 마지막 실험은 태국과 미국인의 양(兩)문화적인 관리자는 태국어나 영어 버전의 같은 설문을 작성함으로써 피험자들이 문화적인 프레임을 바꾸도록 설득했는데, 동아시아 문화적인 지식이 활성화된 피험자 중에 태국어 버전에 할당된 피험자는, 일하는 상황과 그렇지 않은 상황 둘 다 간접적인 커뮤니케이션을 보였다. 반면 서구 문화 지식이 활성화되고 영어 버전에 할당된 피험자는 일하는 상황에서 일하지 않는 상황보다 간접적인 커뮤니케이션이 덜했다. 이 연구 결과가 시사하는 바는 우선 동아시아인과 서양인이 커뮤니케이션의 간접 선호 수준에서 복잡한 차이가 있다는 것이다. 그리고 두 개의 문화 경험을 가지고 있는 사람들(예: 태국계 미국인)은 이러한 문화적인 차이들에 대한 미묘한 지식을 가지고 있으며, 커뮤니케이션 맥락에서 문화적이고 상황적인 요구에 따라 그들의 커뮤니케이션 방식을 유동적으로 바꿀 수 있다는 것이다.

④ **갈등 해결**(Conflict resolution)

이중문화적인 사람들의 행동 유연성에 대한 증거는 상호문화적 커뮤니케이션 분야 이외에서도 보고됐다. 예를 들어, 중국과 미국 문화에 친숙한 홍콩계 중국인들은 중국 문화에 점화됐을 때보다 미국 문화에 점화되었을 때 기여에 기반을 둔 성과 보상을 선호하고, 중국 문화가 점화되었을 때 미국 문화에 점화되었을 때보다 팀 구성원과 동등한 분배를 선호했다(Fu et al., 2007). 홍콩계 중국인은 중국 문화가 점화되면 집단 내 구성원과 죄수의 딜레마 게임을 할 때 좀 더 협력적인 선택을 했다(Wong과 Hong, 2005).

갈등 관리에서 나타나는 상호문화적 차이는, 대립에 있어서 서구 문화의 직접적인 대립을 선호하는지, 동양 문화의 간접적인 대립이나 회피 전략을 선호하는지에 대한 관련 증거가 많이 있다. 즉 서구 사람들은 적극적인 질문과 답변의 방식을 선호한다. 대조적으로 동양인들은 공적으로 논쟁을 피하기 위해 간접적인 전략을 선호하고 그럼으로써 집단 내에서 체면을 세운다(Brown과 Levinson, 1987; Ting-Toomey와 Kurogi, 1998; Triandis, 1994). 이와 일관되게 이중문화적인 경험은 행동으로 표출되는 유연성과 관련 있다. Chan과 Goto(2003)는 홍콩계 중국인은 미국인을 상대할 때보다 홍콩계 중국인과 논쟁할 때 갈등을 해결하기 위해서 행동하지 않는 방법을 더 많이 사용한다. 홍콩계 중국인의 양문화적인 전략 선택은 상대방의 문화 정체성에 달려 있다고 할 수 있다.

이중문화적인 사람들의 행동적 유연성은 아시아인이 아닌 양문화적인 사람들에서도 발견된다. 예를 들어, 동아시아인의 단문화 사람들은 하급자보다 상급자와 협상을 할 때 갈등을 대하는 방식으로 간접적인 방법을 선호하고, 양문화를 가지고 동아시아에 거주하는 호주 사람들의 문화적 정체성은 민감하다. 이들은 서구 사람보다 아시아인과 협상할 때 간접적인 방식을 더 많이 사용한다(Brew와 Cairns, 2004).

이러한 결과들은 이중문화 경험이 문화 차이에서 미묘한 것에 대해 이해하는 것과 연관돼 있고 상호문화적 맥락에서 문화적으로 적절한 반응이 필요할 때 대처할 수 있는 유연성을 가지는 것과 관련이 있음을 의미한다. 여러 연구에 걸쳐, 이중문화적인 사람들은 상대방이 선호하는 자기 조절 방식, 논쟁의 해결 방식에 따라 그들의 커뮤니케이션 메시지를 유연하게 조정할 수 있다.

4) 다중문화적(Multicultural) 경험이 주는 혜택의 장벽

문화는 자기 정체성과 지식의 기능들을 제공한다. 그러므로 정체성과 지식의 필요성이 두드러질 때, 새로운 문화에 대한 문화적인 경험들과 배움에서 비판적으로 반응하는 것보다는 상호문화적 접점에서 자신이 속한 문화에 기대려는 욕구가 더 강해진다. 그러므로 다상호문화적 경험은 상호문화적 커뮤니케이션에서 가치 있는 인지적인 자산인 문화적인 차이의 유용한 지식의 증가를 이끌 수 있다. 이러한 혜택은 다음 조건들이 만날 때만 나타날 수 있다. ① 상호문화적 경계가 현저하지 않거나 잘 변하는 경우, ② 사람들이 자신들의 본래 문화를 고수하는 지식적인 필요에 압박을 받지 않는 경우다.

(1) 문화적 정체성(Cultural identification)과 상호문화적 장벽

상호문화적 커뮤니케이션은 불가피하게 다른 문화 집단에서 온 사람들 간 커뮤니케이션을 포함한다. 그러므로 상호문화적 커뮤니케이션은 상호 그룹 커뮤니케이션의 특별한 형태로 이해될 수도 있다. 사회적인 정체성, 힘과 지위 차이, 인지된 위협처럼 보통 말하는 그룹 내의 관계에 영향을 끼치는 요인들은 상호문화적 커뮤니케이션의 질(Quality)에도 영향을 끼친다. 사회 정체성 이론에 따르면, 사람들은 긍정적인 집단에 자신을 연관시킴으로써 자기 향상을 추구한다. 사람들은 자기 향상을 하는 데 또한 자신이 속한 집단의 긍정적인 특수성에 초점을 맞추려고 한다. 이 결과 사람들의 외집단(outgroup)보다 내집단(ingroup)에 대해 호의적이고(Tajfel, 1982; Tajfel과 Turner, 1986) 내집단은 긍정적인 특징으로 정의하고, 내집단으로부터 외집단은 부정적인 특징으로 정의한다.

그런데 개인의 사회적인 정체성은 그들의 정체성이 위협받을 때 특히 두드러진다(Roccas와 Schwartz, 1993; van Knippenberg와 Ellemers, 2003). 한 연구에서는 피험자들이 집단 정체성을 위협받을 때, 내집단의 제품에 대해 좀 더 호의적으로 평가함으로써 자신들의 정체성을 보호했고, 내집단 구성원에게 좀 더 많은 자원을 할당했다(Jetten, Spears, Manstead, 1997). 이렇게 정체성에서 유도된 편견들은 자신들의 문화나 상호문화적 학습의 비판적인 반영에서 사람들의 참여를 막는다. 실제로 연구들은 상호문화적 커뮤니케이션에서 문화 정체성의 현저함이 외집단 문화 특성에 대한 수용을 지속적으로 막는 것을 보였다(Tong, Hong, Lee, Chiu, 1999).

상호문화적 학습에서 문화 식별의 부정적인 효과는 사람들이 그룹 간 경계가 분리돼 있다고 여길 때 특히 더 나타난다. 그룹 간 경계를 통과할 수 없다고 인식할 때, 그룹 간 커뮤니케이션을 통한 공통적인 기반 확립은 어려워 보인다. 그룹을 대표하는 구성원은 본질적으로 바꿀 수 없는 심리적인 특성들을 공유하고, 구성원은 같은 물리적 특성(예: 피부색, 얼굴 특징)을 가지고 있기 때문에 본질은 종종 그룹으로부터 기인한다.

최근 연구(Yokota와 Yuki, 2007)는 전체주의 인식, 즉 상대적으로 분리된 독립체로서의 집단 개인들의 지각들에 대한 두 종류의 그룹 간 감정을 검증했다. 이 연구는 대표하는 기능을 하는 외집단(예: 물리적 특성을 공유하고 있는 그룹)을 만나는 것은 외집단이 내집단의 건강상 그리고 도덕적 깨끗함을 위협하는 공포를 불러일으킨다. 이러한 공포들은 물리적, 도덕적 오염의 가능성을 최소화하기 위해 혐오감과 외집단 구성원을 피하려는 경향을 불러일으킨다. 대조적으로, 외집단(예: 유사한 행동을 공유하고 있는 그룹)을 만나는 것은 외집단이 내집단을 위협한다는 공포인 장애물 위협을 불러일으킨다. 인지된 장애물 위협은 외집단에 대한 공격과 분노를 유발한다.

(2) 인지적 종결의 욕구(Need for cognitive closure)

시간 압박은 인지적 종결 혹은 확고한 대답에 대한 필요성을 불러일으킨다. 이미 정착한 애매한 문제들에 대해서 확고한 대답을 제시하는 것은 문화적인 규범들에 대한 의존을 향상시킨다(Chiu, Morris, Hong, Menon, 2000; Fu et al., 2007). 또한 시간 압박은 문화적인 상호작용에 직면한 상황에서 개인들에게 지배적인 집단의 목표를 추구하도록 압박해 절박감을 불러일으킨다.

Brew와 Cairns(2004)는 급박한(vs. 급박하지 않은) 상황에서 아시아 국가 출신이면서 서구의 국외 거주자 집단에서 발생하는 조직적인 갈등 관리를 연구했다. 연구자들은 '시간은 돈이다'라고 전형적으로 대표되는 빠른 업무 현장이 효율적이라고 생각하는 경제적 사고 방식의 만연을 가정했다. 조직 전체적인 목표로서의 효율성은 종업원들에게 갈등을 직접적으로 해결할 것을 요구한다. 그렇지 않고 개인이 협상을 하고 각자 보호책을 찾으려고 한다면 더 많은 시간이 소비될 것이다. 그러므로 긴급한 상황에서는 조직 갈등들을 해결하는 것이 요구되면, 아시아 국가 출신의 서구 거주자들은 요령이 없고 노골적으로 반응한다. 그러나 잠재적인 갈등이 아직 드러나지 않았다면, 시간 압박은 실제로 회피 전략들에 대해 양 집단의 선호를 고조시킨다.

갈등의 맥락이 회사 문화에서 국가 문화로 변할 때, 시간 압박은 국가 문화에서 지배적인 규범들을 고수하기 위해서 개인을 압박한다. 이와 일관되게, Fu와 colleagues(2007)은 미국인과 동아시아인의 논쟁, 그리고 그들이 문화의 특징인 오직 인지적 종결에 대한 필요성이 높을 때 보상 할당에서의 공정성 판단 갈등-해결 선호들, 정보-추구 행동들에 대해서 보였다. 종합해보면 사회적인 식별에 대한 필요성과 확실한 대답이 두드러질 때, 새로운 문화를 접하는 것은 그들 스스로 문화에서 지배적인 전통 규범을 따르는 경향이 있고 상호문화적 학습에 참여하지 않으려는 경향을 보인다. 결과적으로 사람들은 미묘한 상호문화적 차이에 대해 지식과 행동적인 유연성을 얻을 수 있는 기회를 포기한다.

그럼에도 불구하고 사람들이 외국 문화에 대해서 정제된 지식을 얻고 난 후, 인지적인 종결에 대한 필요성의 효과는 역전된다. 상대적으로 자신이 속한 문화의 지식보다, 외국 문화의 지식은 상호문화적 접점에서 좀 더 유효한 행동 가이드를 제공하기 때문이다. 예를 들어, 중국 사업가가 미국 문화에 대한 행동 규범의 정제된 지식을 얻을 때, 사업가는 미국 사업 파트너들과 상호작용하는 데 중국 문화 지식보다는 미국 문화 지식이 행동 기준에서 좀 더 유효하고 유용하다는 것을 인지할 수 있다. 이런 상황에서 인지적인 종결에 대한 높은 필요성은 유효한 문화 지식에 대한 의존을 높이고, 그룹 내 문화의 구성원과 상호작용에서 그들의 문화 규범에 대한 고수와 외국 문화 구성원과 외국 문화 안에서 상호작용할 때 외국 문화 규범을 고수하는 것 모두를 증가시킨다.

한 연구(Chao, Zhang, Chiu, 2010)의 결과에서 이 예측을 확인할 수 있다. 이 실험의 피험자들은 중국의 MBA 과정을 밟는 학생들이었으며, 미국의 기업 사례에 대한 적당한 노출이 있었다. 중국과 미국에서 보상 분배에 대한 문화적인 규범에 관해 질문을 했을 때, 피험자들은 미국에서의 기여에 따른 분배에 대한 선호도와 중국에서 평등 분배에 대한 선호도를 정확하게 재인했다. 피험자들 중에서, 인지적인 종결을 위한 필요성을 높게 생각한 사람들은 미국에서 보상 분배를 할 때 기여 법칙을 더 선호했고, 중국에서 자원 할당을 할 때 평등 규칙을 더 선호했다. 게다가 문화 식별의 확대는 이 결과를 약화시키지 않았다. 대조적으로 중국의 문화 식별은 미국과 중국 상호문화적 차이의 인식을 증가시켰으며, 성과 할당 법칙에서 인지된 문화적 차이들을 현실과는 좀 더 별개로 만들었다. 결과적으로 문화 식별의 정도는 인지적 종결 효과에 대한 필요성을 확대했다. 인지적인 종결에 대한 필요가 높은 피험자들은 특히 중국 문화를 구별할 때 중국 맥락에서 평등 규칙을 더 선호했고, 미국 맥락에서는 기여 법칙을 더 선호했다. 요약하면 문화 식별과 인지적인 종결에 대한 필요성은 상호문화적 학습을 막고, 역설적이게도 다상호문화적 경험을 통해서 외국 문화 지식을 충분히 습득한 이후의 사람들의 문화적 식별과 인지적인 종결은 오히려 상호문화적 접점에서의 문화적 지식의 차별적 적용 능력에 부정적 영향을 미치게 된다.

7. 다문화적 경험과 창의적 개념의 확장(Conceptual expansion)

벨기에의 유명한 초콜릿 회사 Isis Luxury는 제품의 브랜딩과 패키징에 관한 브레인스토밍을 통해서 시장성을 향상하기 위해 윤리적이고 기능적으로 다양하게 그룹을 나눴다. 이 프로젝트를 진행한 the Addict Creative Lab 연구자인 Giavanna Massini는 연구실 구성원에게 다음과 같이 조언했다. “이탈리아의 파스타처럼 초콜릿은 벨기에의 상징이다. 그런데 왜 우리가 전통에 구애받아야 하는가? 우리는 전통적인 모양들을 깨뜨려야 한다. 우리는 새로운 조합과, 새로운 재료로 초콜릿을 만들어야 한다”라고 말이다. 그렇다면 디자이너들은 혁신적인 초콜릿을 만들고, 전통적인 방법에 도전하기 위해서 무엇을 했을까? 디자이너들은 조사 집단으로부터 얻은 몇 가지 아이디어로 ① 초콜릿을 보는 사람들이 마음을 표현하고자 하는 욕구를 드러내게 하기 위하여 다양한 그림 틀을 이용하거나 ② “M’ama non m’ama(그녀는 나를 사랑한다, 그녀는 나를 사랑하지 않는다)”와 같은 문구가 각인된 데이지 꽃잎의 모양의 초콜릿을 만들기도 하고 ③ 초콜릿으로 둘러졌으며 금 또는 은으로 된 반지를 “반지 밖의 초콜릿을 먹을 수 있다, 혹은 반지를 초콜릿과 함께 가질 수도 있다”와 같은 문구를 넣어 제작했다. 여기서 벨기에 초콜릿의 목표는 Business Week Online에 “Thinking Outside the Chocolate Box(Vadino, 2006)”라는 제목으로 게재됐다. 어떤 사람들에게 박스 밖에서 생각하는 능력은 갑작스럽고, 직관적이며 논리가 없는 것처럼 보일 수도 있다. 그러나 가끔은 창의성이 마술적인 생각으로 발전하거나 다시는 오지 않는 깨달음을 줄 수도 있다. 또한 창의성은 불가사의하게 보이는 것과는 다르다. 벨기에 초콜릿 사례에서 표현된 것처럼, 창의적인 아이디어는 종종 개인들이 다른 문화에서 나오는 아이디어들을 통합하거나 전혀 관련 없는 아이디어들을 조합할 때 나타난다.

많은 실증적인 증거는 창의성을 촉진하거나 억제하는 개성, 정서, 인식, 그리고 동기부여의 요소들을 명확히 했다(Amabile, 1996; Csikszentmihalyi, 1996; Sawyer, 2006; Simonton, 2000, 2003). 그렇다면 문화와 기존의 창의성 연구에 새로운 시각을 가져오기 위해, 다문화 경험을 가진 사람들이 어떻게 관례화된 사고방식을 깨뜨리는지, 또한 세상을 볼 때 문화적인 고정관념에서 벗어나 어떻게 고무할 수 있을까? 다문화적인 경험들은 창의적인 생각을 촉진하는 데 가치 있는 지적 자원들이 될 수 있다. 다문화적 경험을 가진 사람들이 다른 사람들보다 창의적인 개념적 확장(핵심 과정은 창의적인 인지 접근에 따라 창의성을 지지한다; creative cognition approach)에 대한 경험이 더 많기 때문에 좀 더 창의적인 제품들을 더 잘 받아들이고, 창의적인 과정에 참여하려는 경향을 가질 수 있다.

그러나 다문화적 경험들로 인해 얻게 되는 창의적인 혜택을 모두가 누릴 수 있는 것은 아니다. 외국 문화들에 대해서 수용적인 태도를 갖지 않거나 개방적이지 않은 사람들은 익숙하지 않은 문화를 만날 때 오히려 압도당한 느낌을 받을 수도 있다. 마찬가지로 모든 다문화 접점이 창의적인 이득을 가져오는 것은 아니다. 사람들은 시간 압박이나 실존적인 문제가 고조되는 상황에 처하면, 문화 일치에 대한 욕구와 자신의 문화와 일치하는 익숙한 아이디어를 고수하게 되는 상황이 두드러질 것이다. 이는 창의적인 성과를 방해할 것이다. 따라서 사람들이 그들의 다문화적인 경험들로부터 이익을 얻을 때와 그렇지 않을 때를 구분하면 유용할 것이다.

1) 창의적인 인지 접근(Creative cognition approach)

통상 창의성은 보통 새로운 어떤 것(Thurstone, 1952), 관행을 따르지 않는 것(Crutchfield, 1962), 혹은 사람들을 놀라게 하는 것(Bartlett, 1958)으로 정의된다. Stein(1953)은 창의성의 타당한 수준을 이 정의들에 추가해서, 창의성이란 "어느 시점에 집단에 의해서 유지되거나 유용하게 쓰이거나 혹은 만족스럽게 받아들여지는 새로운 것"이라고 정의했다. 다양한 정의가 있음에도 불구하고, 창의성은 전형적으로 새로운, 높은 품질의, 적절한, 그리고 유용한 제품을 만드는 능력을 말한다.

다른 연구자들은 사람들의 창의적인 성과를 촉진하는 창의성 지지 절차에 대한 체계적인 분석을 실시했다. 창의적인 인식 접근은 창의성을 연구할 때 창의적인 아이디어들을 만드는 인식의 메커니즘을 검증하는 방법을 사용하는 과학적인 접근법이다(Finke, Ward, Smith, 1992; Ward, Smith, Vaid, 1997). 이 접근법에 따르면, 모든 사람은 뛰어난 결과를 만들기 위한 평범한 인식의 프로세스들을 사용하는 방법을 알면 창의적일 수 있는 가능성을 가지고 있다. 이러한 시각에서, 인식 프로세스의 두 가지 종류인 보편적 과정(generative processes)과 탐색적 과정(exploratory processes)의 상호작용은 창의적인 사고에 시사점을 준다(Finke et al., 1992). 보편적 과정은 다른 창의적인 가능성과 다른 후보 아이디어를 만들어내기 위해 관련 정보의 활성화된 기억의 인출(active memory retrieval)이나 탐색(searching)을 포함한다. 탐색적 과정은 대안이 되는 아이디어들을 결정하고 더 나아가 수정, 정교화, 그리고 변형하기 위한 세심한 고찰을 포함한다.

개념적인 확장(conceptual expansion)은 보편적 및 탐색적 과정의 사용이 창의적인 활동들에 도움이 될 수 있는 전략이다(Ward, Patterson, Sifonis, Dodds, Saunders, 2002; Ward et al., 1997). 창의적인 개념 확장은 겉보기에는 관련 없는 개념들의 속성이 개념적 경계를 확장하기 위해 이미 존재하는 개념에 추가될 때 발생한다(Ward et al., 1997). 심리학 연구자들은 기존 이론에 새로운 아이디어들을 추가함으로써 오래된 구조의 새로운 사례들을 만들 수도 있다. 예를 들어 정신분석학이론에서, 감정전이는 한 사람의 기분이 다른 사람에게로의 무의식적인 전송을 뜻한다. Chen과 Andersen(1999)는 사회 인지적 관점(social-cognitive perspective)으로부터의 감정전이를 재해석함으로써 이 개념에 실마리를 던졌고, 새로운 긍정적 혹은 부정적 평가가 중요한 사람의 활성화된 표상에 동화될 때 감정전이가 일어난다고 가정했다. 흩어져 있는 이전 아이디어들의 사용을 통한 아이디어 확장은 창의적인 성과에서 중요하다. 개념적 확장의 결과들은 새로움의 정도와 연관돼 있다. 만약 현재 아이디어를 확장하려고 적용된 개념들이 전형적으로 혹은 자주 원래 아이디어와 연관돼 있다면, 개념적 확장은 덜 창의적일 것이다. 대조적으로 높은 창의성은 개념적 확장에서 두 개의 개념이 일반적이지 않게 오버랩될 때 발생한다(Wan과 Chiu, 2002). 그러나 개념적 확장에서 오버랩되지 않는 개념들을 찾는 것은 결코 쉽지 않다. 선행연구에서는 사람들의 창의적인 상상이 개념적인 프레임워크의 존재 혹은 일반적으로 사례들을 만나는 것에 의해서 구성된다고 입증했다. 예를 들어 새로운 동전을 개발할 때, 개발자들은 디자인을 하는 데 이미 알려진 동전의 속성들을 포함시키려는 경향이 있다(Rubin과 Kontis, 1983). 이러한 안정적인 인지구조들은 비록 사람들이 창의적인 아이디어를 내기 위해서 가장 자유분방한 교육을 받더라도 깨기가 어렵다. 예를 들어, 실험 참가자들은 화성에 존재할 것

같은 동물을 창의적으로 그리도록 분명히 지시를 받았음에도 불구하고, 그들은 지구에 있는 동물과 매우 비슷하게 표현할 것이다(예: 눈, 다리). 그러므로 외계 생물들은 여전히 지구의 동물들과 현저하게 닮아 있을 것이다(Ward, 1994; Ward와 Sifionis, 1997). Ward와 colleagues (2002)의 연구에서는 참가자들의 절반이 새로운 동물, 과일, 도구들의 사례를 만드는 데 지구에 존재하는 구체적인 사례들을 참고했다고 보고 했다. 다시 말해서, 사전 지식이 창의적인 사고를 제한하고 고정관념 밖에서 생각하는 것을 어렵게 만드는 것이다.

2) 문화와 창의성

문화는 심리적으로 중요한 기능을 한다. 문화는 공유된 지식 대표의 네트워크로서 사회행동들을 조정하고, 자기 정체성을 정의하고, 실존적인 공포를 관리하고, 사람들이 삶에서 만나는 중요한 질문들에 대해서 확신을 제공해주면서 개인들을 돕는 학습된 전통으로 이루어져 있다. 즉 자신들의 문화에 깊게 몰두하는 사람들은 그 문화에서 학습된 일상 혹은 전통적인 지식을 얻을 수 있겠지만, 그것으로 인해 창의적인 개념 확장이 제한될지도 모른다(Rubin과 Kontis, 1983; Ward, 1994; Ward et al., 2002). 명백하게도 창의적인 개념 확장에서 주요 장애물은 일상에서 찾을 수 있는 일반적인 사례에 대한 높은 접근 가능성이다. 문화가 이미 존재하고, 정형화돼 있고, 만성적으로 접근 가능한 아이디어들의 집합이라는 점에서, 문화는 아마도 새로운 사고의 생성에 장애물이 될 것이다(Leung, Maddux, Galinsky, Chiu, 2008).

그런데 한 개인이 자신이 속한 문화에 몰두하는 경험 같이, 다문화에 노출되는 것은 양날의 검이 될 수 있다. 사람들은 외국 환경을 접할 때 문화충격을 경험하게 된다. 그들은 익숙했던 것 그리고 당연하다고 생각했던 것들(원래 속한 문화의 언어, 음식, 영화, 음악 등)이 갑자기 사라진다고 생각하면 아마 걱정스럽고, 불편하고, 그리고 혼란에 빠질 것이다. 그러나 처음의 어려운 도입 단계가 지나가면, 오히려 외국 문화를 접한 경험으로 인해 문제를 해결하는 데 새로운 시각을 얻을 수 있다.

결과적으로 문화가 창의성을 제한할 수도 있는 반면에, 다문화적인 경험은 창의적인 아이디어 확장을 증진할 수도 있다. 예를 들어, A와 B라는 아이디어를 생각해보자. 아이디어 A는 문화 I 에 절대적으로 높은 접근 가능성을 가지고 있고, 문화 II에는 절대적으로 낮은 접근 가능성을 가지고 있다. 그리고 아이디어 B는 반대다. 두 문화에서 광범위한 경험들을 가지고 있는 사람은 아마도 동시에 두 개의 아이디어를 기억에서 인출할 수 있을 것이다. 이렇게 다른 아이디어의 동시 인출은 개인이 상황을 재평가하게 되고, 향상된 가정에 대해 의문을 던지게 하며, 정신적 경직성을 감소하게 만든다. 게다가 인지적으로 두 개의 다른 아이디어를 병렬적으로 두면, 사람들은 두 개의 아이디어를 새로운 하나의 아이디어로 통합할 수 있다. 실제로 일상에서 볼 수 있는 창의적인 개념 확장의 많은 사례는 다양한 문화로부터 온 고유의 문화적 사례들을 통합한 결과였다. 태국 맥도날드에서 라이스버거를 판매한 것이 그 예다. 햄버거는 서구에서 좀 더 일반적인 음식이며, 쌀은 아시아 문화에서 좀 더 주요한 음식이다. 이렇듯 다른 두 가지의 음식이 창의적인 개념 확장을 통해 라이스버거라는 새로운 메뉴로 탄생됐다.

이론적으로, 다문화적 경험은 적어도 4가지 방법으로 창의적인 확장에 기여한다. 첫 번째, 사람들은 다문화적 경험으로부터 새로운 아이디어와 개념들을 배운다. 이러한 아이디어들은 창의적인 확장 과정들에 투입물이 될 수 있다. 더 새로운 아이디어들은 사람들에게 더 새로운 조합을 구성하게 한다(Weisber, 1999). 다문화적 경험을 통해서 사람들은 인지적인 복잡성이 증가될 수 있는 행동적이고 인지적인 새로운 스크립트2)에 노출될 수 있다(Tadmor과 Tetlock, 2006).

두 번째, 각 문화의 확립된 개념들은 그 문화 사람들에게 구조화되었고 규칙화된 환경에 대한 반응들을 제시한다. 이러한 인지적 구조는 다른 문화들에 대한 경험을 통해 대체적인 개념들을 얻음으로써 불안정해질 수도 있다. 직감적으로, 다른 문화적 환경에 대한 노출은 개인이 오래 지속돼온 가정들에 대해서 다시 생각하고 의문을 가지게 하며, 사람들이 그들 스스로 문화에 대해서 전통적이지 않은 아이디어에 접근하게 해주고 개인적인 사고 방식을 깰 수 있도록 한다. 세 번째, 외국 문화로부터 새로운 아이디어를 얻고, 이를 성공적으로 적용하게 해준다. 다문화적 경험이 많은 사람들은 다른 원천으로부터 온 아이디어를 찾고 모집하고 이것을 창의적인 과정의 투입물로 사용한다. 마지막으로, 외국 문화들은 개인이 속한 문화와 갈등을 일으킬 만한 가치와 믿음을 수반할 것이다. 일치하지 않는 개념들은 그들의 상호관계를 탐색하게 만든다. 이 결과, 이 질문에 대한 대답들은 확장되고 풍부해진다(Ward, 2001). 그러므로 다문화적 경험은 사람들에게 익숙하지 않은 문화에서 온 모순적으로 보이는 개념들에 대해 동시에 모집할 수 있는 기회를 받고, 이를 병치구조화하고, 새로운 방법으로 창의적인 통찰력을 통합함으로써 창의성에 긍정적인 영향을 미친다. 높은 창의성은 두 개의 개념이 확장하기 쉽도록 일반적으로

2) 절차적 지식들 간의 연상적 네트워크

중첩되지 않을 것처럼 보일 때 잘 일어나는 경향이 있다.

3) 다문화 경험의 창의적 혜택(Creative benefits)의 학문적 증거들

(1) 간접적인(Indirect) 증거

선행연구들은 다문화적 경험들과 창의성의 긍정적인 관계에 대한 간접적인 증거를 제공한다. 예를 들어, 두 개의 언어를 할 수 있는 사람은 한 언어를 구사하는 사람보다 창의성 테스트에서 더 나은 성과를 보였다(예: Carringer, 1974; Lambert, Tucker, d'Angeljan, 1973; Okoh, 1980). 다른 연구에서는 어린이들의 전반적인 창의성에 대한 문화 효과를 검증했다. 그 결과, 홍콩(Rudowicz, Lok, Kitto, 1995) 출신이거나 중국계 미국인(Huntsinger, Schoeneman, Ching, 1994) 혈통 같은 양문화를 가진 아이는 단일 언어를 구사하는 백인 미국 어린이들보다 다양한 접근에서의 창의성 평가에서 높은 수준을 보였다. 두 언어를 구사하는 능력은 다문화를 대표할 수 있다는 점에서, 하나 이상의 문화에 노출되는 것이 창의성에 도움이 될 수 있음을 나타낸다. 아마도 두 개의 언어 상용이 사람들에게 언어적으로 암호화된 문화 아이디어를 이해하고 다양하게 평가할 수 있음을 의미한다.

창의성은 반대의 의견을 허락하고 심지어 권하는 집단(Nemeth와 Wachter, 1983), 그리고 다양한 문화적 배경을 가진 구성원을 포함한 있는 집단(Guimera, Uzzi, Spiro, Amara, 2005; Levine과 Moreland, 2004)에서 촉진된다는 연구결과도 있다. 이런 그룹들에서 생겨난 다른 시각은 상황의 재평가를 유도하고 사람들의 시각을 넓혀준다(Nemeth 와 Kwan, 1987). 다양한 전통 지식에서 오는 대안들을 고려하는 것은 새로운 시각 포인트를 만드는 데 도움이 된다.

사회적 수준에서 봤을 때, 창의적인 활동은 사람들이 이민을 통해서든지, 여행 혹은 유학이든지, 혹은 외국에서 온 교사로부터 배울 때와 같이 외부의 영향에 노출되었을 때 증가한다는 것이 증명됐다(Simonton, 1997). 정치적으로 많이 분열된 상태를 가진 다양한 사회문화적인 환경에서 사는 것 또한 창의성을 촉진한다(Simonton, 1975; Sorokin, 1969). Simonton(2000)은 "국수주의적 반란(nationalistic rebellion)은 문화적 동질성보다 문화적 이질성을 조장한다. 모두가 같은 언어로 말하고, 같은 책을 읽고, 같은 법을 따르는 것 등보다 개인이 더 많은 선택권을 가지는 것이 낫다. 문화적 다양성은 창의성을 촉진시킨다는 것을 암시한다(p. 155)"라고 말했다.

이러한 모든 시사점은 다문화적 경험에 노출되는 것이 고정관념을 깨고 창의적인 성과를 향상시키기 위한 기반이 된다는 것을 의미한다. 다문화적 경험들의 창의적인 이득을 수반한다는 것은 간접적이고 암시적이다. 그러나 최근 들어 다문화적인 경험과 창의적인 개념 확장의 긍정적인 관계에 대한 좀 더 직접적인 증거들이 등장하기 시작했다.

(2) 직접적인(Direct) 증거

① 다문화적 경험이 창의적 생산(Creative production)에 미치는 인과적 영향(Casual Effects)

Leung과 Chiu(2010)는 창의적인 성과에 대한 다문화적인 경험의 인과적인 효과에 대해 직접적인 증거를 제시하기 위해서 실험을 진행했다. 이 결과는 이전에 언급한 상관관계적 실험들에서 창의적인 사람들은 자발적으로 다문화적 경험들을 찾을 것이라는 대안을 종식시키는 데 도움이 됐다. 실험의 참가자들은 유럽 혈통의 미국 대학교

학생들이었고, 연구자들은 피험자가 외국 문화에 노출되도록 조작함으로써 외국 문화의 즉각적이고 창의적인 성과의 인과관계가 미치는 영향을 알아보기 위해 접근했다. 외국 문화에 노출되는 실험 조작은, 첫 번째 실험에서는 피험자들에게 45분간 멀티미디어(그림, 음악, 영상) 파워포인트 프레젠테이션을 통해 하나 혹은 두 개의 문화의 다른 면들을 묘사하는 것으로 진행됐다. 슬라이드 쇼 자료들은 건축물, 풍경, 지형, 홈 데커레이션, 가구, 의복, 요리, 인생, 오락, 휴양, 음악, 영화, 예술, 그리고 문학 등을 포함한 문화 양상의 넓은 부분을 다뤘다. 참가자들은 임의적으로 5가지 조건 중 한 곳에 할당됐다. ① 오로지 미국 문화의 프레젠테이션만을 본 미국 문화 집단, ② 오로지 중국 문화 관련 프레젠테이션만을 본 중국 문화 집단 ③ 미국 문화와 중국 문화를 연속으로 본 양문화 집단, ④ 미국 문화와 중국 문화가 섞여서 만들어진 하이브리드 문화 프레젠테이션(예: 맥도날드의 라이스버거)을 본 퓨전 집단, ⑤ 프레젠테이션을 보지 않은 통제 집단이다. 네 개의 실험 조건 피험자들은 슬라이드 쇼를 본 이후에 첫 창의성 과업을 진행했다. 아무 것도 보지 않은 통제 집단의 피험자들은 바로 창의성 과업을 진행했다. 이 실험은 5일에서 7일 뒤에 진행되는 두 번째 세션인 창의성 과업까지 포함했다. 두 번째 창의성 테스트는 다문화적 경험의 창의적인 효과의 지속성에 대해서 검증했다.

이 실험의 두 가지 특징에 주목할 필요가 있다. 첫 번째, 피험자들이 조작된 외국 문화에 제대로 노출되었는지에서 좀 떨어져서, 문화 노출 조작이 어떻게 외국 문화에 노출되는 것을 조작하는지를 봤다. 피험자들이 오직 중국 슬라이드쇼에서 외국 문화에 노출되었는지 아닌지, 혹은 다른 외국 문화와 그들 고유 문화와 결합된 퓨전 슬라이드 집단에 노출되었는지를 응답했다. 이러한 실험 구성으로 외국 문화와 로컬 문화의 개념적 그리고 인지적 병치(vs. 단순히 외국 문화에 노출 것)를 통해서 다양화할 수 있는 것은 문화의 다양한 원천으로부터 창의적인 아이디어의 통합을 촉진한다.

두 번째, 실험에서 사용한 창의성 과업들은 미국 혹은 중국 문화에 대한 지식이 필요하지 않다. 그러므로 연구결과는 슬라이드 프레젠테이션 동안 미국 혹은 중국 문화의 단순한 지식 획득으로 볼 수 없다. 동화 다시 쓰기 과제를 진행함으로써 첫 번째 세션에서 창의적인 성과를 평가했다. 피험자들은 동화 〈신데렐라〉를 읽고 대부분 유럽인에게 상대적으로 친숙하지 않은 문화인 터키의 어린이들을 위한 새로운 버전으로 만들었다. 피험자들은 동화 다시 쓰기 과제에서 원래 스토리를 창의적이고, 독창적이고, 일관성 있게 그들의 상상력을 마음껏 발휘하도록 고무됐다. 그리고 원래 스토리의 요약에 덧붙여, 터키의 지리적인 위치, 기후, 지역, 경제, 산업과 터키 사람들의 일상의 짧은 묘사 등에 대한 터키의 대략적인 정보를 받았다. 연습효과(practice effect)를 피하기 위해서 두 번째 세션에서 사용한 다른 창의성 테스트는 7일 뒤에 시행됐다. 두 번째 세션에서 실험 집단의 피험자들은 첫 번째로 이전 세션에서 본 프레젠테이션에 대한 개인적인 사고에 관한 자료를 받았다. 다음으로 다른 완충 과업(filler task) 가운데, 피험자들은 '시간'의 묘사(예: 시간은 신문과 같다; Time is like a newspaper)를 창의적으로 구성하고 둘 사이에 대해서 기술하라고 요청받았다. 결과는, 미국 혹은 중국 문화의 단일한 프레젠테이션을 본 피험자들이 통제 집단에 비해 더 나은 창의적인 성과를 보여주지 못했다. 그러나 동시에 두 문화 혹은 퓨전 문화 프레젠테이션을 본 피험자들은 첫 번째 세션과 5일 이후 진행된 두 번째 세션 모두에서 통제 집단보다 창의적인 성과가 더 높았다.

결과는 두 가지 시사점을 준다. 첫 번째, 두 창의성 과업은 미국 혹은 중국 지식이 필요하지 않다(터키 어린이를 위한 동화를 쓰는 것과 시간의 비유 표현을 만드는 것). 그렇기는 하지만 중국 문화를 경험하며 얻은 인지적인 이득들은 진행된 과제를 통한 피험자들의 창의적인 결과물에서 얻을 수 있었다. 이 결과는 다문화 노출의 창의적인 효과가 다양한 원천에서 오는 샘플 아이디어의 경향과 같은 높은 수준의 인지적인 기술들을 위한 연습이나 개발에서 나온다는 것을 보여준다. 즉 두 문화 혹은 퓨전 문화에 대한 경험은 샘플 아이디어들의 상호관계를 대조해서 비교해보고, 연결돼 있지 않은 것처럼 보이는 아이디어들 간의 창의적인 통합을 시도하는 일임을 알 수 있다(Wan과 Chiu, 2002; Ward, 2001). 두 번째, 다문화적 노출의 창의적인 이득들은 오로지 미국과 중국 문화가 동시에 제시될 때만 나타났다. 이 점은 하나의 문화만 경험하는 것이 창의성을 촉진하는 데 충분하지 않음을 시사한다. 이러한 결과는 창의적인 인지 관점을 지지하고 창의적인 통찰력을 만드는 데 다양한 문화적인 아이디어들의 배치가 중요함을 강조한다.

② 다문화적 경험과 창의적 과정에서의 몰두(Engagement) 간 연계

창의성의 연구는 과정 관점뿐 아니라 생산 관점으로도 접근할 수 있다. 생산 관점은 창의적인 성과나 결과에 초점을 맞추는 반면에, 과정 관점은 창의성-지지 과정에 초점을 맞춘다. 창의적인 성과, 그리고 창의적인 프로세스에 대한 관계에서 창의성이 기저에 있듯 생산 그리고 과정 관점은 서로 보완의 관계에 있다.

Leung과 Chiu(2010)는 어떻게 다문화적인 경험이 창의적인 이득을 가져오는지 설명하기 위해 창의성-지지 과정에도 접근했다. 이를 위해 유럽게 미국인 피험자들에게 행복에 대한 예비 아이디어를 창의적이고 독창적인 이론으로 발전시키도록 아이디어 샘플링 과제를 수행하도록 했다. 과제 시작 부분에서는 피험자들이 미국과 다른(중국과 터키) 문화로부터 얻은 아이디어에 대해서 상담을 했다. 실험의 주요 종속 변수는 외국 문화(예: 미국 문화)로부터 나온 아이디어에 대한 선호도였다. 연구자들은 다문화적 경험들의 광대함은 타 문화로부터 온 샘플 아이디어의 경향과 긍정적으로 관계가 있을 것으로 예상했다. 실험을 보다 정교화하기 위해 피험자들은 첫 번째 아이디어에 관해서 심리학 논문 「많은 친구를 가진 사람이 더 행복하다」에서 주장된 것을 차용했다. 피험자들의 과업은 이 아이디어를 차용해 짧은 에세이를 쓰는 것이었다. 피험자들은 학자들의 작문에서 영감을 얻음으로써 스스로 행복에 대한 창의적인 아이디어를 구성하도록 격려받았다. 그렇게 해서 피험자들은 미국, 터키, 중국 학자들에 의해 쓰인 행복에 대한 속담 중 15개 중에 최대 7개를 선택할 수 있었다. 더불어 15개의 속담을 쓴 학자들에 대한 짧은 정보가 제시됐다(미국 5, 터키 5, 중국 5). 샘플 학자 기술은 "인간 동기부여에 대해 몇 가지 발견을 한 미국(중국 혹은 터키 연구자)"다. 피험자들의 선택이 특정한 배경 기술의 내용에 의해 영향을 받지 않았다는 것을 확실하게 하기 위해, 견본(pilot) 실험에서 피험자들은 학자의 국적 정보 없이 연구자들의 기술(description)이 행복의 본성을 이해하기 쉬운지에 대해서 평가했다. 현재 실험은 견본 실험에서 사용한 것과 다르지 않은 측정 도구를 포함했다. 그리고 학자 기술과 학자 문화적 정체성의 짝을 균형 있게 구성했다. 4개의 학자 기술은 3가지 세트로 나누었고, 각 세트는 미국, 중국, 터키 연구자로 짝지었다. 피험자들은 균형 있게 구성된 기술들 중 하나를 읽도록 임의로 할당됐다.

피험자들은 실험자로부터 한 세트의 격언을 받았다. 세트 안 격언의 숫자는 피험자 인원에 동일하게 맞춰졌다. 그들은 모르는 상태에서 15개 격언 세트 중 임의적으로 한 세트를 선택했다. 이 격언들은 친숙성, 유용성, 독창성, 시뮬레이션, 설득, 창의성을 평가해 구성됐다. 샘플 격언으로, "행복의 비결은 남들로 하여금 자신이 행복을 주는 존재라고 믿게 만드는 것이다"가 있다. 그리고 나서 피험자들은 선택한 격언에서 행복에 대한 예비 아이디어를 확장하기 위한 짧은 에세이를 썼다.

아이디어 샘플링 과제를 완료하고, 피험자들은 다문화적인 노출들의 다양한 측면을 측정하기 위해 다음과 같은 항목으로 구성된 다문화적 경험 조사에 응답했다. ① 외국 언어를 말할 수 있는지, ② 살면서 그들의 거주하는 주 밖에서 생활한 시간의 비율, ③ 피험자들의 부모가 미국 이외 출신인지, ④ 주류 미국 문화에 비해 다른 문화에 노출 정도(10점 척도) ⑤ 가장 선호하는 음식점에서 즐기는 음식의 종류, ⑥ 가장 선호하는 음악가 5명의 민족성, ⑦ 가장 친한 친구 5명의 민족성이다. 이 설문은 가장 응집력 있고 차별적인 유효성을 증명했다(Leung과 Chiu, 2008). 또한 피험자들은 일상에서의 창의적인 행동과 관련된 개인적 가치 척도(Personal Value Scales, Scott, 1965)에 대해서도 응답했다. 샘플 항목으로 "새로운 것을 개발하고 다른 방식으로 행동한다"가 있었다.

실험을 통해 연구자들은 좀 더 광범위한 다문화적 경험을 가진 피험자들이 외국 문화들(예: 터키 혹은 중국 격언들)로부터 더 많은 샘플 아이디어를 만들어내는 것을 발견했다. 게다가 다문화적인 사람들은 창의성 하위 측정 항목에서 더 높은 창의성 점수를 얻었다. 이 연구에서 다문화적인 경험의 광의성이 다양한 문화로부터의 샘플 아이디어들과 연관성이 있음을 보였다.

또 다른 실험에서(Leung과 Chiu, 2010)는 다른 창의성 지지 과정인 규범적으로 접근하기 어려운 아이디어의 생산을 검증했다. 이 실험을 준비하기 위해, 피험자들인 미국 대학교 학생들에게 만약에 지인이 선물을 준다고 했을 때 받고 싶은 선물 5개를 목록으로 작성하라고 요청했다. 각 선물에 대해 연구자들은 피험자들이 작성한 목록의 숫자를 세어서 지배적인 점수를 계산했다(Ward et al., 2002). 높은 점수는 더 흔한 선물을 의미했다. 그런 다음 연구자들은 같은 학생 모집단에서 본 실험에 포함될 선물 주기(gift-giving) 규범 수립에 참여할 다른 집단을 선발했다. 본 실험은 이전에 진행한 것과 동일한 선물 리스트 정하기(gift-listing) 과제와 다문화적 경험 조사를 포함했다. Ward와 colleagues(2002)에 따라서, 연구자들은 작성된 선물 다섯 개의 지배 및 순위 점수의 평균을 계산했는데, 이 점수는 샘플에서 어떤 선물이 얼마나 흔한지(예: 지배 점수는 선물 주기 실험에서 집계됐다) 뿐만 아니라 얼마나 접근 가능한지(예: 피험자의 선물 리스트 내 다섯 개 중에서 얼마나 먼저 작성됐는지) 설명해준다. 다시 말해서 높은 지배 및 순위 비율의 선물은 많은 피험자가 쉽게 작성할 수 있음을 뜻한다. 실험 결과, 연구자들은 외국 문화에 더 많이 노출된 피험자들이 낮은 지배 및 순위 점수를 획득한 것을 발견했다. 이 실험은 다문화적 경험이 그들의 전통적인 문화와 다른 아이디어를 만드는 경향과 관련이 있다는 예측을 지지한다.

4) 창의적 혜택의 경계(Boundaries)

비록 다문화적 경험들로 인한 창의적인 이득은 명확하지만, 모든 다문화적 경험이 다 그런 것은 아니며, 창의적인 이득은 모든 상황에 적용되지 않는다. 창의성 연구자들은 창의성 개발에서 상황에 따른 장애물과 개인적인 차이들의 중요한 역할을 강조했다(Rhodes, 1987). 그들은 창의성을 상황적이고 개인적인 변수들의 상호작용의 결과로 이해해야 한다고 주장한다. 개인 관점은 성격 특성, 감정, 그리고 동기부여와 같은 창의적이거나 덜 창의적인 개인들의 수준의 변수를 확인하는 데 초점을 맞춘다(see Amabile, 1996; Barron과 Harrington, 1981; Csikszentmihalyi, 1996; Sawyer, 2006). 상황 수준은 창의성에서 환경적인 맥락의 억제효과와 촉진효과를 설명하려고 시도한다(Rhodes, 1987). Murray(1983)에 따르면, 창의성에서 상황적인 변수들의 영향은 환경의 객관적인 측면 혹은 개인들의 주관적인 해석으로부터 온다고 했다. 개인 관점과 상황 관점은 창의성 연구에서 꾸준히 발전해왔고, 이 프레임워크는 다문화적 경험과 창의성의 관계를 이해하는 데 적용할 수 있다.

(1) 개인 관점(Person perspective)

앞서 살펴본 선행연구들은 다문화적 경험을 갖고 있는 사람들이 좀 더 여러 문화와 접근이 어려운 지식으로부터 다양한 아이디어를 얻을 수 있기 때문에 창의성이 향상되는 것을 보였다. 이러한 사실들이 다문화적 경험에 노출되는 것은 사람들의 창의적 시야를 넓혀주지만, 특정 사람들은 다른 문화를 경험하게 되면 인지적 그리고 감정적인 어려움을 겪게 된다.

다문화적 경험으로부터 이득을 얻을 수 있는 사람들은 경험을 개방적으로 대하는 성격을 가지고 있다. 경험에 대한 개방성은 창의적인 행동과 연결되는 성격 차원을 선발한다(Costa와 McCrae, 1992; Feist,

1998; McCrae와 Costa, 1997). 경험에 대해 높은 개방성을 가진 사람들은 새로운 아이디어와 새로운 경험들에 대해서 감사해 하고, 다양한 생각들과 관점을 잘 받아들이고, 문제를 해결하는 데 전통적이지 않은 방법을 시도하는 것에 두려움이 없다. 이들은 예술적이고, 독창적이고, 호기심이 많다(Costa와 McCare, 1992; McCrae와 Costa, 1997). 그러므로 높은 수준의 개방성을 가진 사람들은 다문화에 노출을 통해 그들의 새로운 아이디어에 대한 수용성을 향상한다(Leung과 Chiu, 2008). 수용적인 사고방식을 가진 사람들은 전통적이지 않은 아이디어를 인출할 준비가 좀 더 잘 돼 있고, 그것을 창의적인 활동에 더 많이 사용한다. 따라서 경험에 대한 개방성은 다문화적 학습을 촉진할 수 있다. 구체적으로 경험에 개방적인 사람들이 새로운 문화적 경험에 노출되면, 그들은 이 경험으로부터 많은 것을 받아들이고 창의성을 발휘할 수 있다.

대조적으로, 어떤 사람들에게는 다문화적 경험에 노출되는 것이 양면적인 감정을 불러일으키고, 심지어는 문화충격까지 가져온다(Hong, Wan, No, Chiu, 2007). 그럼 어떤 사람들이 언제 새로운 경험에 대해서 부정적으로 반응할까? 이러한 부정적인 평가와 정서적 반응을 관리하기 위해서, 사람들은 새로운 아이디어에 대해 견디고 그들 문화의 전통적인 아이디어에 대해서 물러설 줄 아는 사고 방식을 개발해야 한다. 예를 들어, 중국의 개방적인 사고방식을 가진 대학생들은 미국 문화의 상징에 노출되었을 때(vs. 문화와 관련 없는 사진), 자연스럽게 갈등을 관리하고 미국 관습을 받아들인다. 폐쇄적인 사고방식을 가진 대학생들은 같은 상징에 노출되었을 때(vs. 문화와 관련 없는 사진), 미국 문화에 대해서 저항하고 갈등 관리 전략을 강하게 고수한다(Fu, Morris, Lee, Choa, Chiu, Hong, 2007; Chiu, Morris, Hong, Menon, 2000).

이러한 이유로 Leung과 Chiu(2008)는 다문화적 경험이 창의성에 있어서 경험에 대해 개방적인 사람들에게만 이로운 효과를 준다고 주장했다. 이들 연구에 의하면, 개방성이 낮은 피험자들은 더 많은 다문화적 경험이 창의성과의 관계에서 부정적인 영향을 미칠 것이라고 예측할 수 있다. 이 사람들은 다른 문화로부터 친숙하지 않은 아이디어를 찾는 것에 두려움을 느끼고 충격을 받고, 심지어 위협을 느낀다. 이러한 부정적인 반응들을 관리하기 위해서, 그들은 전통적인 아이디어를 고수하며 새로운 아이디어에 저항하는 자세를 버리고 새로운 사고방식을 개발해야 한다. 결과적으로 창의적인 과제에서 그들은 전통적 혹은 일반적으로 접근 가능한 사례들을 더 많이 사용하려고 할 것이다.

Leung과 Chiu(2008)의 실험에서는 다문화적 경험과 창의성의 관계에서 개방성의 역할을 검증했다. 창의성은 창의적인 과정에 참여하는 것으로써 측정했다. 구체적으로, 특정한 개념 영역에 대해서 전통적이거나 일반적으로 접근하기 어려운 사례들을 생각해내는 창의적인 사례 만들기 과제를 활용했다. 그리고 독특한 사용 테스트(Unusual Uses Test, Guilford, 1959)를 활용해 전통적이지 않고 일반적인 대상을 활용해서 창의적인 결과를 만들어내는 것을 측정했다. 사례 만들기 과제에서, 피험자들은 머리 속에 떠오른 20개의 직업을 작성했다. 모두 다른 직업 사례들은 비슷한 동의어를 제거(예: taxi driver and cab driver)하고 작은 차이(예: Policeman and policemen)들을 반영했다(Barsalou, 1985; Batting과 Montague, 1969). 결과 점수를 얻기 위해, 모든 피험자의 목록에서 각 직업들의 반대 서수 위치를 계산했다. 예를 들어, 'lawyer'라고 두 번째 위치에 적었다면, 'lawyer'는 19점(예: 21-2)을 받는다. 직업 목록을 작성한 피험자들로부터 받은 특정 사례 반대 서

수 위치를 합해서 이 사례에 대한 결과 선행 점수를 얻었다. 그러므로 사례의 결과 선행 점수는 목록에 적힌 사례가 얼마나 자주, 그리고 얼마나 빨리 피험자들의 머릿속에 떠올랐는지를 의미한다. 즉 이 점수는 일반적인 접근 가능성의 척도로 쓰인다(Barsalou, 1985). 가장 많이 나온 세 개의 직업은 의사, 변호사, 교사였으며, 가장 적게 나온 세 개의 직업은 언어 코치, 안경사, 그리고 칼 제조자였다.

독특한 사용 테스트에서는, 피험자들에게 쓰레기봉투로 많이 쓰이는 것을 물었고, 쓰는 것은 물론 듣거나 본 것에 대한 것도 제한을 두지 않았다. 그런데 이 테스트에서 두 가지의 창의성 지표에 주목할 필요가 있다. 첫 번째로, 많은 숫자를 만드는 유창성과 능력은 피험자들이 테스트에서 만든 것에서 반복적인 반응을 제거한 반응의 총 숫자로 측정되었고, 두 번째로 다른 종류들을 만드는 능력 혹은 유연성은 만들어진 카테고리의 총계로 측정됐다(예: 컨테이너, 방수 자재, 예술품, 무기, 가구)는 점이다.

피험자들의 다문화적 경험 정도와 경험에 대한 개방성 정도는 Neo- Five Factor Inventory(NEO-FFI; Costa와 McCrae, 1992)의 다문화적 경험 조사와 개방성 척도가 측정에 사용됐다. 실험자들은 첫 번째로 다문화적 경험과 개방성의 대표적인 다른 변수들을 결정했다. 비록 경험에 개방적인 사람들이 덜 개방적인 사람들보다 자발적으로 다문화적 경험을 찾는다고 해도, 다문화적인 경험들의 어떤 면들은 다문화적 경험 조사와 개방성 척도에서 측정할 수 없는 개인적인 부분도 있다(예: 부모님의 국적, 생활 환경에서의 외국 문화 이용 가능성). 연구자들이 예상한 대로, 다문화적인 경험과 경험에 대한 개방성은 낮고 유의하지 않은 긍정적인 상관관계가 나왔다. 또한 예측과 같이, 경험에 개방적인 사람들의 다문화적 경험의 정도는 일반적으로 접근하기

힘든 사례들을 만들어내는 경향뿐만 아니라 독특한 사용 테스트에서 창의적인 성과와도 연결된 것으로 나타났다. 구체적으로, 피험자들 중 개방적이지 않은 피험자들은 다문화 경험의 수준이 높았음에도 불구하고 낮은 창의성 수준을 보였다. 덜 개방적인 사람들은 외국 문화를 만나는 것에 압도돼 정신적으로 새로운 아이디어를 받아들일 준비가 돼 있지 않았다. 실제로 이 사실은 최근 다른 연구에 의해서도 지지되는데, 해외에 있을 때 외국 문화를 좀 더 잘 받아들이는 사람들은 창의적인 경향이 높았다(Maddux and Galinsky, 2009). 그러므로 사람들은 수용적인 사고방식과 받아들일 준비가 돼 있는 사고방식을 가지고 있을수록 다문화적인 경험으로부터 이득을 얻기가 쉽다고 할 수 있다.

(2) 상황 관점(Situation perspective)

다문화적 경험은 틀에서 벗어나서 생각할 수 있는 기회를 준다. 이러한 경험은 가치 있는 것이며, 창의성을 향상시키는 인지적인 자원이 될 수도 있다. 그러나 모든 다문화적인 사람이 다문화적 경험으로부터 같은 수준의 이득을 얻는 것은 아니다. 예를 들어, 경험에 있어 개방적인 것은 다문화적인 경험의 창의적인 이득을 실현하기 위해서 중요하다. 게다가 다문화적인 경험과 창의성의 연구에 따르면 상황적인 면은 사람들이 모든 상황에서 다문화 경험으로부터 같은 수준의 이득을 얻지 못하게 한다.

어떤 상황에서는, 사람들이 문화의 전통적인 규범을 고수하는 데 압박을 느끼기도 한다. 이러한 상황에서, 사람들은 외국 문화에서 온 아이디어를 저항하게 된다. 문화적 순응을 동기부여하는 두 종류의 환경은 높은 시간 압박 환경(확고한 대답의 필요성을 높이는)과 죽음 현저 환경(실존적인 테러에 처한)이 있다.

① **높은 시간 압박 환경**(High time pressure environment)

특정 상황에서 시간이 급박하다고 느끼면 사람들의 인지적 종결성(need for cognitive closure, NFCC) 혹은 확고한 답변에 대한 필요성이 증가한다(Heaton과 Kruglanski, 1991; Kruglanski와 Webster, 1996). 문화적인 관습들은 사람들이 대체로 동의하는, 유효하고 확고한 답변들을 제공한다(Fu et al., 2007). 구체적으로, 높은(vs. 낮은) NFCC의 경향을 보이는 사람들은 문화-특성(culture-characteristic) 사회 개념적 양식을 더 많이 보이고, 개념적 범주의 전통적인 사례를 기억으로부터 더 쉽게 인출했다(예: 높은 NFCC를 보이는 유럽계 미국인은 과일의 사례로 사과 vs. 두리안을 인출하는 경향; Ip, Chen, Chiu, 2006). 높은(vs. 낮은) NFCC 이민자 혹은 임시체류자들은 그들의 전통 문화에 대해서 집착하는 경향이 강하고 새로운 문화에 더 불안정하게 느끼는 경우가 많았다. 특히 그들의 의지로 새로운 문화에 이주했을 경우에는 더욱 그러하다(Kosic, Kruglanski, Peirro, Mannetti, 2004; Kashima와 Loh, 2006). 마지막으로 높은(vs. 낮은) NFCC를 보이는 미국-중국 양문화를 가진 사람들은 문화-특성 판단의 상황적 신호에 덜 민감하다. 그들은 중국(미국)의 문화적인 단서가 점화되었을 때 중국(미국) 특색으로 판단하지 않는다(Fu et al., 2007).

Leung과 Chiu(2010)의 한 실험에서는, 높거나 혹은 낮은 시간 압박 상황에서 사람들이 어떻게 외국 문화로부터 비롯된 아이디어를 받아들일 것인지를 아이디어 샘플링 과업을 통해서 접근했다. 행복의 본성에 관한 미국 vs. 외국 격언에 대해서 창의적인 아이디어를 확장하는 경향을 측정하기 위해서 과제가 진행됐다. 유럽계-미국인 피험자들은 그들이 원하는 속도에 맞춰서 진행(낮은 시간 압박 조건)하거나 엄격하게 시간이 정해진 상황(높은 시간 압박 조건)에서 과제에 참가했다. 피험자들이 시간 압박을 받지 않을 때는, 익숙하지 않은 터키와 중국 문화(vs. 미국 문화)로부터 비롯된 격언들을 받아들이는 데 더 동기부여가 됐다. 다문화적 경험의 정도와 외국 격언들의 샘플링 연관성은, 피험자들이 높은 시간 압박 조건에 있을 때 뒤집어졌다. 이 피험자들은 다문화에 노출될수록 외국 아이디어를 덜 받아들였다. 이 결과는 사람들이 시간 압박을 받을 때, 다양한 사고를 할 수 있는 외국 아이디어를 찾기보다는 확실한 답을 찾는 것을 보여줬다. 풍부한 다문화 경험을 가진 사람들은 외국 문화로부터 온 아이디어를 활용할 것을 예측할 수 있다. 그러므로 시간 압박을 받은 피험자들은 외국 아이디어를 피하도록 동기부여될 것이다.

② **죽음 현저 환경**(Mortality salient environment)

높은 시간 압박 상황에 더불어, 죽음에 대한 현저성이 높은 상황에 노출되는 것은 외국 아이디어들을 받아들이는 것을 제한할 것이다. 공포 관리 이론(terror Management Theory, TMT; Greenberg, Solomon, Pyszczynski, 1997; Greenberg, Pyszczynski, Solomon, Rosenblatt, Veeded, Kirkland, 1990)에 따르면, 개인들이 궁극적인 유한성에 대해 생각하면 실존적인 공포를 경험하게 된다. 이에 대처하기 위해, 사람들은 문화적 관습을 고수하는 성향이 높아지고 이러한 전략을 통해서 상징적인 불멸을 얻는다. 몸은 죽음 이후에 사라지지만 문화가 소유하는 것들은 지속적으로 전파된다(Solomon, Greenberg, Schimel, Arndt, Pyszczynsky, 2004). TMT 연구자들은 이 가설을 지지할 수 있는 상당한 증거를 얻었다. 많은 연구에서 보였듯이, 죽음에 대한 현저성이 증가하는 상황은 문화적 식별을 강하게 초래하고(Kashima, Halloran, Yuki, Kashima, 2004), 자신들의 문화를 지지하는 사람들에게 더 긍정적으로 반응하며, 문화를 위협하는 사람들에게 덜 호의적으로 반응한다(예: 기독교인들은 유대교인들보다 기독교인들에게 더 긍정적으로 반응한다 Greenberg et al., 1990; 미국 학생들은 미국에 대해서 칭찬하는 교환 학생들에게 비판하는 교환 학생들보다 더 호의적으로 대했다 Greenberg, Pyszczynski, Solomon, Simon, Breus, 1994). 그리고 창의적인 활동에 대해서 높은 혐오감을 보인다(Arndt, Greenberg, Solomon, Pyszczynski, Schimnel, 1999).

이와 관련해 Leung과 Chiu(2010)는 외국 문화로부터 온 아이디어에 대한 수용성과 다문화적 경험의 긍정적인 연관성에서 죽음 현저성(mortality salience)의 조절 효과를 알아보기 위해 실험을 진행했다. 피험자들은 아이디어 샘플링 과업에 참가했다. 그러나 과업을 진행하기 전에 피험자 절반은 TMT 연구(Reosebaltt, Greenberg, Solomon, Pyszczynski, 1989)에서 사용된 기본 수준의 죽음 현저성 조작을 받았다. 피험자들은 그들이 죽는 순간과 죽고 난 이후의 상황을 생생하게 시각화해달라는 요청을 받았다. 남은 피험자들은 통제 집단에 할당이 되었고, 이들은 치통의 경험을 기술해달라고 요청 받았다. 아이디어 샘플링 과제 이후에, 피험자들은 다문화적 경험 조사에 응답했다. 피험자들은 설득력 있음, 유익함, 자극, 그리고 창의성이라는 4가지 속성의 각 샘플들에 대해서 평가했다. 그 결과, 죽음 비현저성 집단에서 다문화적인 경험이 풍부한 피험자들은 미국 격언에 대해서 덜 긍정적으로 평가했고 외국 격언들에 대해서는 유의한 수준에서 긍정적으로 평가했다. 그러나 죽음 현저성 집단에서는 다문화적 경험의 양이 외국(예: 미국) 문화로부터 나온 아이디어에 대한 평가와는 관련이 없었다.

요약하면 다문화 경험들이 창의성을 높일 수는 있지만, 창의성에서 얻을 수 있는 혜택의 정도에는 한계가 있다. 다문화적 사람들이 새로운 경험에 대해 개방적이지 않거나, NFCC 혹은 실존적인 위협을 불러일으키는 상황이라면 다문화적인 경험에 대한 혜택은 제한된다.

Ⅲ. 판단과 선택에서의 체화된 인지

Ⅲ. 판단과 선택에서의 체화된 인지

이 책의 주제는 자아개념에서 상이한 문화적 배경이 어떻게 체화된 인지에 영향을 미치는지를 보는 데 있다. 체화된 인지는 어떤 사건을 모방하는 표상(Coping representation, Taylor와 Schneider, 1989)인 '멘탈 시뮬레이션(mental simulation)'에 기반을 두는데, 이는 '실제 신체 상태'와 '경험의 시뮬레이션'이 두뇌에서 활성화돼 후속적으로 판단 및 선택에 영향을 주는 것이다(Min과 Kang, 2013; Niedenthal et al., 2005). 여기서 멘탈 시뮬레이션은 본인의 내재된 자아개념과 소속된 문화적 가치에 따라 그 용이성과 접근 가능성이 달라질 수 있다.

체화된 인지는 신체적 경험을 정보처리의 수단으로 활용해 자극을 해석하고 기억하고 표상화(representation)하도록(Barsalou, 1999, 2008; Glenberg, 1997) 한다. 그래서 이 이론은 인간이 신체의 특정한 감각 및 운동 체계를 지니고 생활하는 것이 사고와 정서에 영향을 미친다는 점이 핵심이다(Davis와 Markman, 2012). 이에 따라 관련 선행연구들은 신체적 지각(bodily perception)이 인지에서 행하는 역할에 관심을 가졌으며 신체적 지각이 마음을 움직이는 본질적인 동력이 되고, 이를 통해 판단이나 선택과 같은 인지적 과정까지 강력하게 영향을 미침을 보였다(예: Barsalou, 2008).

Reimann et al.(2012)은 이러한 신체적 지각과 인지적 과정의 연결이 선천적으로 발현될 수 있지만 교육을 통해 형성될 수도 있으며, 이들 모두가 연관되었을 가능성도 있다고 주장했다. 예를 들어 울음은 사람들을 슬프게 하는데, 이는 울음 그 자체가 본능적으로 슬픔을 유발하기 때문일 수도 있지만 오랜 사회 생활을 통해 울음이 슬픔의 고착화된(hardwired) 반응 행동 양상이기 때문이기도 하다. 한편 머리를 끄덕이는 행위는 어떤 메시지에 대해 동의한다는 의미를 내포한다. 그러나 이러한 암묵적 동의와 달리 일부 문화에서는 머리를 끄덕이는 행위가 '동의하지 않는다(불가리아)' 또는 '계속 앞으로 걸어라(일본)'의 의미이기도 하다. 이처럼 체현은 선천적으로 타고난 반응일 수도 있지만 문화적 맥락에 따라 학습될 수도 있다.

이 파트에서는 체화된 인지에서 신체적 지각이 갖는 역할과 체현(embodiment)을 가능하게 하는 감정적 근원, 인지 프로세스의 영향에서의 판단과 선택에 대해 보다 상세히 살펴본다. 체화된 인지 이론에서 신체적 지각의 중심적인 역할은 발전돼왔다. 이 이론은 일반적으로 몸이 개인의 인지가 표상을 형성하는 데에 강력한 영향을 발휘함을 주장한다(Barsalou, 2008; Glenberg, 1997; Malter, 1996). 예를 들면 초기의 체현 연구에서는 왜 머리를 끄덕임(vs. 가로 저음)이 설득을 위한 메시지에 동의하는 정도에 영향을 미치는지 혹은 왜 꼿꼿한 자세(vs. 구부정한)가 해결 불가능한 퍼즐을 작업하는 데 더 오래 지속할 수 있는가에 대해서 연구했다(Riskind와 Gotay, 1982). 최근 연구에서는 안구 움직임이 어려운 문제의 해결을 용이하게 하고(Thomas와 Lleras, 2007), 수학 문제 풀이의 해결과 성과 향상에 도움이 되며(Broaders,

Cook, Mitchell, Goldin-Meadow, 2007; Goldin-Meadow, Cook, Mitchell, 2009), 근육을 단단하게 하는 것만으로도 의지력과 자기-조절 또한 견고하게 된다(Hung과 Labroo, 2011)고 밝혔다.

그러나 체현에 대한 이해의 상당한 진전에도 불구하고, 반박하지 못한 몇몇의 중요한 개념과 방법론적 물음이 남아 있다. 첫째, 인지적 표상에서 심리학적 메커니즘에 기초한 몸의 영향에 대한 탐구와, 감정이 신체적 지각, 판단과 선택에 영향을 미치는 가능성, 인지적 처리 사이에서 매개의 역할로서 기능하는가? 또한 감정이 신체적 지각으로 간주될 수 있는가? 한 세기가 넘도록, 연구자들은 감정은 신체적 상태(예: James, 1884; Lange, 1885)의 지각적 변화 혹은 인지적 평가(예: Frijda, Kuipers, Schure, 1989; Smith와 Ellsworth, 1985)로 이해될 것이라 주장했다. 구체적으로 신체적 지각 이론에서는 감정이 인지적 평가의 개입과 별개로 순수하게 몸의 생리학적 변화(James, 1884; Lange, 1885)에 기초하거나 다가오라는 손짓 혹은 밀어내는 손짓이나 얼굴 표정과 같은 근육의 동력 활동에 의해 일어날지도 모른다(Maxwell과 Davidson, 2007; Niedenthal, 2007)고 주장했다. 예를 들면, 사람이 먹는 행위로부터 만족하는 것은 물리적으로 채워지는 느낌 때문이며 울음은 슬픔을 유발한다. 반대로 인지적 평가이론은, 감정이 어떤 대상으로부터 정신적인 평가를 불러일으키는데 이는 종종 이 대상이 목표와 일치하는지와 관련이 깊다고 본다(Roseman과 Smith, 2001). 맛있는 음식을 먹기를 원했던 사람은 그것이 하나의 목표이기 때문에 먹는 것이 행복하다. 그러나 다이어트나 건강함이 목표인 사람에겐 그러한 행위가 그 목표에 위반되기 때문에 죄책감을 들게 한다.

인지적 평가와 신체적 지각에 따른 감정은 둘 다 부분적으로 맞다. 최근 성장하고 있는 정서적 신경과학은 뇌가 신체적 지각과 인지적 평가를 동시에 수행한다고 주장하는데, 개념과 믿음(Bechara와 Damasio, 2005; Bechara, 2005; Reimann과 Bechara, 2010) 및 후속 판단과 의사결정을 이끄는 것(Bechara, Damasio, Tranel, Damasio, 1997)과 같은 인지적 표상은 이것들을 통합한다. 이 파트에서는, 감정과 주장의 인지적 평가 이론의 관념 확장의 필요성을 설명한다. 몸의 반응은 대상 혹은 사건의 목표 일치성에 대한 정확한 평가를 위해 필수적이다. 예를 들면 꼿꼿한 자세(vs. 구부정한)는 개인의 업적을 크게 평가하도록 만들고 자존심도 보다 끌어올린다(Stepper와 Strack, 1993). 그것은 능률과 관계가 있는 목표를 가지게 할 수도 있다. 인체공학적인 의자(vs. 작고 기울어진 의자)는 피험자가 어떠한 평가를 할 때, 그들을 더 힘이 있다고 느껴지게끔 한다(Huang, Galinsky, Gruenfeld, Guillory, 2011). 또한 체화된 인지에서 인지적 표상이 몸 지각의 효과에 결정적인 역할을 하는 감정적 활동에 대해 제안한다.

두 번째, 신체적 지각과 인지적 평가에 대한 이전 연구의 통합적인 평가에 의해 논의와 연관돼 있다. 체화된 인지의 실증은 여전히 인지와 체현의 영향 모두를 통합한 단일화된 생리적 이론이 결여돼 있다. 이러한 갭은 관념적으로 체화된 인지가 가정된 감정의 역할이 환경적 맥락 없이 지식이나 생각이 일어나는 것처럼, 명백하게 상황과의 상호작용이 고려될 것이다(Glenberg, 1997; Glenberg, Robertson, Kaschak, Malter, 2003). 체화된 인지는 순수하게 인지적 평가 이론에서 말하는 "감성의 체화된 인지"인가? 현재의 연구는 이러한 갭을 판단과 선택에 대한 체화된 인지에서 통합적 개념 프레임워크인 소마틱 마커(somatic marker theory, Damasio, 1994)에 기반을 두고 제안한다.

다음에서는 체화된 인지와 관련해 ① 감정적 상태에 변화를 주는 얼굴 표정과 같은 몸 움직임의 영향(예: Laird, 1974)과 ② 머리움직임이 감정에 영향을 미치는 인지적 활동과 같은 몸 움직임의 영향(예: Wells와 Petty, 1980)에 우선적인 초점을 두어 과거의 실증적 연구를 살펴본다. 2가지 체화된 인지의 접근방법 중 하나인 감정에 대한 윌리엄 제임스(William James)의 관점은 얼굴 표정이나 근육 활동 등 몸 상태의 범위를 본능적으로 변경한다고 주장한다(James, 1884, 1894). 본 연구에서는 제임스의 관점을 넘어서 안토니오 다마지오(Antonio Damasio)의 관점을 수용한다. 이것은 신체적 상태는 반드시 경험을 하지 않고도 상기시키는 것이 가능해(Bechara and Damasio, 2005; Damasio, 1994), 정신적으로 시뮬레이션될 수 있다는 주장이다(Barsalou, 1999). 이러한 관점은 신체적 표지 이론을 제안하는데(Damasio, 1994), 이는 신체적 지각과 인지적 평가 모두 통합적인 수용이 가능하다. 이 이론은 신체적 지각과 신체적 지각이 행동을 유발할 수 있는 단계가 모두 필요함을 주장한다. 그러나 그것을 여과하는 평가 과정은 짧고 무의식적이며, 상기하는 과정이 필요하다(Damasio, 2010). 여기에서는 더 나아가 체화된 인지의 메커니즘이 가지고 있는 지대한 영향에서 너 유리한 결정(Bechara et al., 1997)을 이끌기 위한 체화된 인지에서의 선택과 판단 프로세스를 주장한다. 이는 앞날의 결과를 예상하는 데 영향을 주고, 약물(Bechara, 2005)과 고칼로리 음식의(Hung과 Labroo, 2011) 영향에 저항하는 데 도움을 준다(Bechara, Damasio, Damasio, Anderson, 1994).

세 번째로, '체화된 인지는 오로지 확실한 행동 유형에만 적용되는가? 현상의 모든 것을 포함하여 적용될 수 있는가?'이다. 예를 들어, 이전 연구에서는 체화된 인지에 대한 소비자 행동의 넓고 다양함이 포함된다. 음식과 같은(Labroo와 Nielsen, 2010) 물리적 생산물의 평가를 포함해 기부나 서비스처럼 더 추상적인 것도 살펴봤다(Hung과

Labroo, 2011). 이들의 결론은 체화된 인지가 서로 다른 영역에 걸쳐 많은 현상의 모든 것에 적용된다는 의견을 지지한다는 것이다.

마지막으로, '이러한 방법론적인 접근방법은 선택과 판단에서의 체화된 인지의 역할에 효과적인가?' 하는 질문이다. 학자들은 체화된 인지의 조작과 측정 전략의 넓은 스펙트럼으로부터 근육 활동, 얼굴 표정, 심장 박동, 피부 전도성, 뇌 활동과 같은 신경생리학적 과정의 기록을 고안했다.

1. 체화된 인지에 대한 선행연구 분석

체화된 인지의 선행연구를 살펴보기 위해 심리학 및 소비자학에서 출판된 다음의 논문들을 살펴봤다.[1)] 선행 논문은 각 저널의 1970년대 출판본부터 2011년의 출판본까지 탐색을 했다. 이와 관련한 첫 번째 논문은 1974년에 출판됐다. 관련 연구를 정리하기 위해 우선 'embodiment', 'embodied', 'embodied cognition', 'embodied affect', 'grounded cognition' 등의 키워드를 사용하여 관련된 논문들을 확인했으며, 체화된 인지의 아이디어와 관련된 더 많은 출판물을 찾았다(예: 촉감과 미각이 판단과 선택의 메커니즘에 어떻게 영향을 미치는지에 대해). 하지만 앞서 언급한 키워드들이 명백한 것은 아니다(예: Peck과 Childers, 2003). 실증적 연구들이 포함되지 않았거나(예: Rosa와 Malter, 2003),

1) Journal of Consumer Research, Journal of Consumer Psychology, Psychological Science, Journal of Personality and Social Psychology, Basic and Applied Social Psychology, Motivation and Emotion, Cognition and Emotion, Emotion, Personality and Social Psychology Bulletin, Journal of Experimental Psychology: General, Psychonomic Bulletin and Review, and Journal of Experimental Social Psychology.

비심리학 저널로 생각되는 경우도 있었다(예: Kreuzbauer와 Malter, 2005). 〈표 3-1〉은 확인된 모든 논문을 연도순 그리고 연구자의 이름 및 저널의 이름, 출판연도, 주제, 적용한 방법론, 샘플 사이즈와 핵심 시사점 순서로 정리하여 요약했다.

전체에서 93%에 달하는 논문이 몸의 움직임을 기반으로 조작을 실시했다. 나머지 7%는 감각 지각으로 조작이 진행됐다. 더 나아가 몸의 움직임을 활용해 조작을 실시한 연구들에서 다음과 같은 점들을 발견했다. ① 51%의 논문에서 피험자들은 조작 이후에 대상을 평가했다(예: 긍정적 vs. 부정적 단어 혹은 제품). ② 23%의 논문에서 피험자들은 조작 이후에 어떠한 행동을 실시했다(예: 음식을 선택, 작업 성과). ③ 15%의 논문에서 피험자들은 조작 이후에 어떠한 문제 해결에 대한 요청을 받았다(예: 공간 추론, 기억력 테스트). ④ 나머지 11%의 논문에서 피험자들은 조작 이후, 자기 스스로에 대한 지각을 평가했다(예: 자아 존중감 혹은 의지력). 그러나 감각 지각의 조작을 이용한 논문에서는 ① 67%의 비율로 피험자들이 조작 이후 어떠한 대상을 평가했고(예: 소비자 상품), ② 나머지 33%의 논문에서는 피험자들이 조작 이후 그들의 감정적 상태에 대하여 보고했다.

〈표 3-1〉 판단과 선택에서의 체화된 인지에 대한 선행연구 검토

연구자 (연도)	저널	주제	방법론	샘플 사이즈	결과
Laird(1974)	Journal of Personality and Social Psychology	무엇이 감정적 경험으로 인한 행동 표현에 영향을 주는가?	실험	Study 1:n=65 Study 2:n=26	피험자의 얼굴 표현은 감정의 주관적 경험을 변화하기에 충분하다.
Tourangeau, Ellsworth (1979)	Journal of Personality and Social Psychology	감정 경험에서 얼굴 표정의 역할은 무엇인가?	실험	n=128	감정적인 표정을 짓는 것으로 감정을 생성하기에는 충분치 않다. 감정 표현이 감정적인 느낌을 갖는 데 꼭 필요하지는 않다.
Wells, Petty(1980)	Basic and Applied Social Psychology	머리움직임으로 인지적 활동이 증가되거나 억제될까?	실험	n=72	지침에 의해 머리를 끄덕인 피험자들은 가로저은 피험자들보다 외부 콘텐트에 더 높은 동의 의사를 보임.
Riskind, Gotay(1982)	Motivation and Emotion	동기부여 및 감정에서 물리적 자세의 효과는 무엇인가?	실험	Study 1:n=20 Study 2:n=20 Study 3:n=28 Study 4:n=41	물리적 자세는 후속 작업의 성과에 유의한 잔존효과를 갖게 한다. 몸의 물리적 자세는 감정적 경험과 행동에 영향을 미칠 수 있다.
Strack, Martin, Stepper (1988)	Journal of Personality and Social Psychology	얼굴 표정이 정서적 반응에 영향을 미치는가?	실험	Study 1:n=92 Study 2:n=83	얼굴 표정 억제 조건에서 보다 자유롭게 미소를 지을 수 있을 때 유머에 더 강한 반응을 보였다. 유머에 대한 얼굴 피드백은 인지보다 정서의 요소다.
Duclos et al. (1989)	Journal of Personality and Social Psychology	감정적 경험에서 얼굴 표정과 자세의 효과는 무엇인가?	실험	Study 1:n=74 Study 2:n=74	감정적인 얼굴 표정은 행동에 상응하는 느낌의 변화를 유도한다.
Larsen, Kasimatis, Frey(1992)	Cognition & Emotion	얼굴이 감정적 경험 시에 근육을 수축하게 하는가?	실험	n=30	얼굴 근육의 수축은 불쾌한 정서 자극에 대한 피험자의 감정적 반응에 기여한다.
Cacioppo, Priester, Berntson (1993)	Journal of Personality and Social Psychology	팔의 수축과 확장은 태도에 어떠한 영향을 미치나?	실험	Study 1, 2, 3: n=44, Study4: n=29 Study5: n=29 Study6: n=82	피험자들은 팔의 수축 상태일 때 대상에 대해 긍정적 태도를 보였으며, 확장 상태일 때 부정적 태도를 보였다. 몸의 움직임으로 인한 태도의 효과는 활성화된 운동 과정에 의하여 촉발됐다.
Stepper, Strack(1993)	Journal of Personali and Social Psychology	감정적이거나 감정적이지 않은 느낌은 해석되지 않은 자기 수용의 입력에 영향을 받을 수	실험	Study1: n=99 Study2: n=72	굽은 자세보다 꼿꼿한 자세로 결과를 수신한 경우 작업 성취에 더 성공적이었다. 노력의 감정적이지 않은 느

		있는가?			낌은 이마 근육의 수축에 의해 영향을 받을 수 있다.
Dimberg, Thunberg, Elmehed (2000)	Basic and Applied Social Psychology	감정적인 얼굴표정에는 어떠한 무의식적인 얼굴 반응이 있는가?	실험	n=72	긍정적이거나 부정적인 감정 반응 모두 무의식적인 표정에 의해 유발될 수 있다.
Neumann Strack (2000)	Journal of Personality and Social Psychology	접근과 회피행동은 정서적 정보의 범주화에 직접적인 영향을 미치는가?	실험	n=25	팔의 수축 상태일 때는 긍정적인 단어를, 팔이 확장 상태일 때는 부정적인 단어를 더 빠르게 분류한다.
Knoblich Flach (2001)	Psychological Science	행동의 미래 성과 예측은 지각적 입력의 행동 시스템과 연결되는가?	실험	n=104	개인의 주의 기울임은 향후 행동과 그 효과를 예측하는 또 다른 사람의 것과 결합될 수 있다. 피험자들은 자신의 행동을 관찰할 때 예측이 더 정확했다.
Soussignan (2002)	Emotion	감정적 경험 시 뒤센 미소와 비-뒤센 미소의 영향이 있는가?	실험	n=96	뒤센 미소(Duchenne Smile)는 긍정적인 느낌을 형성한다.
Brin˜ol, Petty(2003)	Journal of Personality and Social Psychology	머리움직임이 태도 변화에 영향을 미칠 수 있을까?	실험	Study1: n=82 Study2: n=147 Study3: n=89	메시지의 강력한 주장은 머리를 끄덕일 때가 가로저을 때보다 더 잘 설득된다. 메시지의 주장이 약할 경우 반대의 결과가 나타난다.
Grant, Spivey(2003)	Psychological Science	조작된 안구의 움직임은 문제해결에 영향을 미치는가?	실험	Study1: n=14, Study2: n=81	눈의 움직임은 문제를 해결하는 동안 인지를 반영한다. 시야의 조작은 해결책에서 차이를 갖게 한다.
Joy and Sherry(2003)	Journal of Consumer Research	체화의 과정이 어떻게 소비자의 추론을 형성하는가?	실증연구	n=46	몸은 그들이 표현하기 위해 사용하는 언어를 통한 정서적 상태와 연관돼 있다. 미학적 만남을 표현함에 있어 더 추상적인 언어를 사용하는 피험자는 덜 복잡하고 더 감정적 언어를 사용하는 피험자보다 체화가 덜 되는 것을 보였다.
Schnall and Laird(2003)	Cognition & Emotion	감정적 경험에 의해 축적된 경험의 표현은 어떠한 영향이 있을까?	실험	n=72	반복을 경험한 뒤 표정은 느낌과 에피소드 기억에 영향을 미친다.
Forster (2004)	Journal of Consumer Psychology	소비자의 평가에 몸 피드백이 어떻게 영향을 미치는가?	실험	Study1: n=43, Study2: n=94	머리 끄덕임을 유도했을 때 긍정적 방향성의 제품 평가에 호의적이었으나, 부정적 방향성의 제품에는 영향을

					미치지 않았다. 머리 가로젓기를 유도했을 때 부정적 방향성의 제품에 호의적이지 않은 평가를 했으나, 긍정적 방향성의 제품에는 영향을 미치지 않았다. 또한 팔을 수축하는 동안 긍정적 방향성의 제품에 호의적 평가를 했으나, 부정적 방향성의 제품에는 아무런 영향도 미치지 않았다. 팔의 확장 행위를 하는 동안에는 부정적 방향성의 제품에 호의적이지 않은 평가를 했고, 긍정적 방향성의 제품에 아무런 영향도 미치지 않았다.
Meier, Robinson (2004)	Psychological Science	정서와 수직 자세 간의 연결은 무엇인가?	실험	Study1: n=34, Study2: n=82, Study3: n=82	자극물의 긍정적인 평가는 아래쪽보다 위쪽에 위치해 있을 때 더 빠르게 시행된다. 긍정적인 평가는 시각적 공간의 높은 영역을 활성화하지만 부정적인 평가는 시각적 공간의 낮은 영역을 활성화한다. 그러나 공간의 위치가 평가를 활성화하지는 않는다.
Markman Brendl (2005)	Psychological Science	평가에 대한 지각과 운동활동의 영향은 무엇인가?	실험	n=108	지각과 운동 활동은 인지적 처리를 설명하기는 충분하지 않다. 호환성 효과는 실제 물리적 위치가 아닌 공간에 대한 인식에 더 의존한다.
Beilock, Holt (2007)	Psychological Science	선호도는 우리의 모터 시스템에 의해 구동되는가?	실험	Studies 1 and 2: n=29	자극 관련 행동에 숨은 감각 시뮬레이션은 이러한 자극에 대한 정서적 판단에 영향을 미친다. 이러한 시뮬레이션은 불가능 때마다 효과는 사라진다.
Broaders et al.(2007)	Journal of Experimental Psychology General	아이로부터 내재된 지식을 드러내는 제스처의 강요가 아이디어 성장에 영향을 미치는가?		Study1: n=106, Study2: n=70	피험자들에게 제스처를 강요했을 때 소설과 문제 해결 전략에 대해 내재된 아이디어를 성장시켰다.
Zhong Leonardelli (2008)	Psychological Science	사회적 배제는 차가운 느낌인가?	실험	Study1: n=65 Study2: n=52	피험자들은 차가운 느낌과 사회적으로 배제되었던 과거의 경험, 상호작용을 통해 배제를 경험했을 때 따뜻함

					을 추구했다.
Casasanto (2009)	Journal of Experimental Psychology General	몸의 차이는 우리의 생각에 영향을 미칠까?	실험	Study1: n=219 Study2: n=100 Study3: n=87 Study4: n=286 Study5: n=371	피험자들은 몸의 차이(왼손잡이, 오른손잡이)와 함께 누구와 상호작용하는지 등으로 물리적 환경과 이에 응하는 상이한 정신 표현을 형성한다.
Chandler, Schwarz (2009)	Journal of Experimental Social Psychology	몸의 움직임이 어떻게 생각과 감정에 영향을 미치는가?	실험	Study1: n=54, Study2: n=71	대상자의 정보를 처리하는 동안 특정한 몸의 움직임을 취한 피험자들은 결과적으로 다른 몸의 움직임을 취한 피험자와는 대상을 다르게 평가했다.
Goldin-Meadow, Cook, Mitchell (2009)	Psychological Science	제스처가 학습방법에 도움을 주는가?	실험	n=128	피험자들이 올바른 동작을 만들기 위해서는 부분적으로 올바른 동작을 만드는 것보다 더 많이 배우는 것이 필요하고, 부분적으로 올바른 동작을 만드는 것은 동작을 하지 않은 것보다 더 많이 배워야 한다. 몸 움직임은 오래된 아이디어를 처리하고 새로운 아이디어를 만드는 것에 관여한다.
Jostmann, Lakens, Schubert (2009)	Psychological Science	무게와 인지의 몸의 경험 사이의 연결고리는 무엇인가?	실험	Study1: n=40 Study2: n=51 Study3: n=49 Study4: n=40	무거운 무게의 체험은 지각된 무제의 중요성을 증가시킨다. 무게 때문에 주상석인 문제를 처리할 때 피험자들이 더 인지적 노력을 많이 들인다.
Schubert and Koole (2009)	Journal of Experimental Social Psychology	자아-개념에서 제스처는 어떠한 영향을 미치는가?	실험	Study1: n=71, Study2: n=76	파워풀한 제스처를 만드는 것은 여성 피험자들에게는 효과가 나타나지 않았지만, 남성 피험자들에게는 스스로 존경과 강한 주장을 인지하게 했다.
Beilock, Goldin-Meadow(2010)	Psychological Science	제스처가 어떻게 우리의 생각을 바꾸는가?	실험	Study1: n=26, Study2: n=20	제스처는 설명하는 대상자의 정신 표상에 운동 정보를 추가한다.
Carney et al. (2010)	Psychological Science	자세가 파워를 느끼게 할 수 있는가?	실험	Study1: n=54, Study2: n=71	대상자의 정보를 처리하는 동안 특정한 몸의 움직임을 취한 피험자들은 결과적으로 다른 몸의 움직임을 취한 피험자와는 대상을 다르게 평가한다.

Goldin-Meadow, Cook, Mitchell (2009)	Psychological Science	제스처가 학습방법에 도움을 주는가?	실험	n=42	자세로 인해 파워감이 활성화되고 행동변화를 일으킬 수 있다.
Labroo, Nielsen (2010)	Journal of Consumer Research	체화된 인지를 통해 변형된 추론이 브랜드 평가에 어떻게 영향을 미치는가?	실험	Study1: n=55 Study2: n=158 Study3: n=178	기억과 관련된 자극에 대해 평가적인 조절 절차를 사용한 시간에 대한 심리적 움직임의 긍정적인 효과를 나타낸다.
Lee and Schwarz (2010a)	Journal of Personality and Social Psychology	도덕적 순결에서 운동 양상은 정말 독립적인가?	실험	n=87	도덕적 순결의 체화는 도덕적 범법과 관련된 운동 양상에 따라 다르다. 도덕적 순결의 체화는 심지어 선순환 행위로 확장될 수 있다.
Sherman, Gangi, White(2010)	Journal of Experimental Social Psychology	건강에 대해 설득하는 동안 운동 시스템의 활성화는 건강에 대한 행동을 발생시키는가?		Study1: n=65 Study2: n=66	경미한 건강 관련 운동 조작은 건강 행동의 변화를 활성화할 수 있다. 설득하는 동안 모터 활동은 행동변화를 일관된 의도로 이끌 수 있다.
Eskine, Kacinik, Prinz(2011)	Psychological Science	도덕적 판단에 미각 지각이 영향을 미치는가?		n=57	맛의 지각이 도덕적 판단에 유의한 영향을 미쳤다.
Huang et al. (2011)	Psychological Science	행동과 생각에 몸의 자세와 역할은 어떠한 영향을 미치는가?	실험	Study1: n=77 Study2: n=77 Study3: n=57	자세는 행동과 생각에서 역할 파워보다 더 강하다. 파워는 몸의 상태에 근거한다.
Hung and Labroo (2011)	Journal of Consumer Research	자기-조절에서 체화된 인지의 역할은 무엇인가?	실험	Study1: n=54 Study2: n=47 Study3: n=91 Study4: n=66 Study5: n=98	자기 통제에 관여하는 동안 근육을 단단하게 하는 것은 자기 통제를 용이하게 한다. 이전의 자기 조절 노력이 이후의 격심한 활동에서 감소되는 것을 기존의 연구에서 확인했다.
Risen and Critcher (2011)	Journal of Personality and Social Psychology	본능적인 내적 상태가 우리의 생각에 영향을 줄까?	실험	Study1: n=67 Study2: n=84 Study3: n=33 Study4: n=52 Study5: n=83 Study6a: n=20 Study6b: n=65	본능적인 내적 상태는 암묵적으로 과학적 신념에 영향을 미칠 수 있다. 피험자가 자신의 본능적인 내적 상태 및 그들이 판단한 결과와 관련된 본능적인 내적 상태 간의 일치를 경험하는 경우, 결과가 그렇게 될 것이라고 더 믿는 것으로 나타났다.

(1) 신체의 움직임(Body movement)

많은 선행연구에서 신체에 기반을 둔 조작을 활용했기 때문에 신체의 움직임이 조작에서 많은 비율을 차지하고 있다. 우선 신체 움직임의 범주를 나누기 위해 사람의 몸을 해부학적 범위에 따라 세분화했는데, 선행연구들에서 신체의 범위를 뚜렷하게 세 부분으로 나누고 있다. ① 얼굴과 눈이 포함된 머리 움직임, ② 팔이 포함된 상체의 움직임, 다리가 포함된 하체의 움직임, 그리고 ③ 몸 전체의 움직임이다.

① 머리, 얼굴, 그리고 눈의 움직임

초기의 선행연구에서는 체화된 인지와 관련해 서로 다른 머리 움직임이 인지적으로 별개의 영향을 미치는 것을 봤다. 자세히 살펴보면, 머리 끄덕임은 머리 가로젓기에 비해 높은 동조(동의)에 대한 인지적 활동을 증대시켰다(Wells와 Petty, 1980). 또 다른 연구에서는 강한 주장의 메시지에 머리를 끄덕이는 행위가 더 설득력이 높음을 보였다(Brinol과 Petty, 2003). Forster(2004)에 따르면, 머리 끄덕임은 긍정적인 태도를 가진 대상에 대해 호의적인 태도가 강화되었으나, 부정적인 태도를 가진 대상에 대한 평가는 달라지지 않았다. 머리를 가로젓는 동안 긍정적 태도를 가진 대상의 평가는 영향을 미치지 않았다. 그것은 더 나아가 부정적 태도를 가진 대상에 강력하게 호의적이지 않은 태도를 보였다.

또 다른 연구에서는 머리움직임 조작에서 얼굴의 표정을 조작해 실험을 진행하기도 했다. 예를 들면, 주관적인 감정적 경험이 얼굴 표정을 변하게 했다(Laird, 1974). 평가 과정에서 확실히 얼굴 표정으로 인한 감정적 상태의 역할에 중점을 둔 다른 연구에서는 예를 들면, 얼굴 표정이 미소를 짓고 있을 때 미소가 억제된 집단보다 유머에 대한 판단을 더 강렬하고 쉽게 했고(Strack, Martin, Stepper, 1988), 얼굴 표정의 변화는 그와 일치하는 감정 상태로 변했다(Flack, 2006; Larsen, Kasimatis, Frey, 1992; Soussignan, 2002).

눈의 움직임을 이용한 조작은, 눈의 움직임이 문제를 해결하는 동안 인지적으로 반영됐다(Grant와 Spivey, 2003). 긍정적인 자극물을 보는 사람이 시각적 공간에서 그것이 위쪽에 있을 때 아래쪽에 위치할 때보다 더 빨랐으며(Meier와 Robinson, 2004), 눈의 움직임 패턴은 공간적 추론에 영향을 미쳤다.

② 상체와 하체의 움직임

선행연구들에서는 상체 및 하체의 움직임으로도 조작을 실시했다. 자세히 살펴보면 팔의 움직임, 손의 움직임, 그리고 더 복합적으로 자세가 합쳐진 움직임이 있었으며 하나의 실험에서는 다리 움직임을 봤다. 예를 들면, 팔을 피험자 자신의 쪽으로 당기는 움직임과 자신의 몸 바깥으로 밀어내는 움직임이 태도에 영향을 미치는 것을 확인할 수 있었다(Cacioppo, Priester, Berntson, 1993). 더 자세히 살펴보자면, 피험자들이 자극물을 평가할 때 자신의 몸 쪽으로 당기는 모션을 취할 때 밀어내는 모션을 취할 때보다 더 긍정적으로 평가했다는 것이다. 더 나아가 Neumann과 Strack(2000)의 연구에서는 몸 쪽으로 당기는 모션을 취하고 긍정적인 단어를 범주화하는 것이 밀어내는 모션을 취하고 범주화를 할 때보다 빨랐으며, 몸에서 밀어내는 모션을 취했을 때에는 부정적인 단어를 범주화하는 것이 긍정적인 단어를 범주화할 때보다 빠른 것을 볼 수 있었다. 또한 팔로 무거운 무게를 들어 올릴 때 이슈의 중요성을 더 크게 지각하는 것이 밝혀졌으며(Jostmann, Lakens, Schubert, 2009), 비도덕적인 행동의 실행은 피험자들이 그들의 손을 더욱 청결히 하고 싶은 욕구를 증가시키는 것을 알 수 있었다(Lee and Schwarz, 2010a). 또 다른 연구에서는 몸짓의 역할과 그것이 사람의 인지적 과정에 영향을 미치는 것에 대하여 조사했다. Goldin-Meadow, Cook, Mitchell(2009)은 Broaders et al.(2007)의 연구를 검토하여 몸짓이 고루한 아이디어 과정 그리고 새로운 발전 문제 해결 전략에 관련돼 있음을 확인했다.

한편 Hung과 Labroo(2011)는 하체와 관련된 연구를 진행했다. 즉 종아리 근육을 단단하게 하는 것이 자기 통제력을 높이고 의지력을 상승시키는 것을 보였다.

③ 몸 전체의 움직임

몸의 움직임 조작과 관련된 세 번째 카테고리는 몸 전체의 움직임으로, 주로 피험자들의 물리적 포즈로 조작됐다. 다양한 실험에서 몸의 물리적 자세가 후속 작업의 성과에 영향을 주는 것을 살펴봤다(Riskind와 Gotay, 1982; Stepper와 Strack, 1993). 그러한 자세들은 파워감과 행동의 변화를 촉진하는데, 파워풀하다고 느끼게 하는 자세는 피험자로 하여금 행동과 생각에 강력한 영향을 미쳤다(Huang et al., 2011).

(2) 감각 지각(Sensory perception)

체화된 인지 연구에서 감각 지각 조작(시각, 청각, 미각, 후각, 촉각)은 몸의 움직임에 비해 매우 적다. Niedenthal, Winkielman, Mondillon, Vermeulen(2009)은 4개의 실험을 가로질러 감정적인 과정에 대한 체화된 인지의 반응(예: 얼굴근육 반응)과 감정적인 자극물(예: 감정적인 단어)에 대한 자동적인 반응을 보여줬다. 또한 Zhong과 Leonardelli

(2008)는 사회적 배제란 단어 그대로 차가움을 느끼게 함을 밝혔는데, 사회적 배재가 점화되었을 때 피험자들은 따뜻한 음료나 음식을 먹기를 희망했다. 체화된 인지 혹은 체화된 감정의 영역에서 감각 지각은 많은 연구가 이루어지지 않았다. 즉 향후 연구에서는 조작에 대해 감각 지각과 이것에 연관돼 있는 인지적 영향을 몸을 바탕으로 더 조명돼야 할 것이다.

이처럼 초기의 선행연구는 문제 해결 혹은 평가와 같은 인지적 과정으로부터 몸의 움직임의 영향에 중심을 두고 체화된 인지를 연구했다. 1982년 이전의 많은 연구는 체화된 인지의 요인과 관련된 것으로서의 감정적 과정들에 대하여 생각했다. 그것에 가능한 설명은 다음과 같다. ① 초기 연구에서는 인지적 관습의 견해로부터 체화된 인지에 접근했다. ② 몸의 움직임으로 실행된 체화된 인지 실험의 주류는 감각 지각에 의해 실행된 체화된 인지 실험보다 감정적인 처리 과정의 연결이 덜 명확할 수도 있다

정리하면 살펴본 연구의 많은 부분이 근본적인 심리적 과정은 추구하지 않고, 체화된 인지와 연관하여(예: 몸의 움직임) 결과로서 인지적 과정을 연결했다. 뒤에서는 판단과 선택에서 몸의 움직임 각각의 영향을 위해 설명하는 이론적 방법과 체화된 인지의 영향, 그리고 인지의 역할인 가교로서의 신체적 표지 이론을 설명한다.

2. 소마틱 마커 이론(Somatic marker theory)

내적 환경 상태의 영향이 생물학적으로 관련된 자극물에게 본능적인 내적 반응을 일으켜 상황에서 유기체의 생존 가치를 최대화하는데, 이러한 자극물에는 사회적 상호작용에서 기회의 관여나 제공과

같은 사건이 포함돼 있으며 이는 생존 가치의 최대화를 향상시킨다. 반면 물리적 위협이나 사회적 거절의 신호가 포착되면 항상성 촉진은 붕괴된다. 그런데 뇌의 상태도 생물학적으로 연관된 자극물의 개념적 과정의 변동에 따라 변화한다(Damasio, 1994; Reimann과 Bechara, 2010). 뇌가 감정을 해석하는 것으로 인해 내적인 상태, 얼굴 표정, 그리고 근육운동을 포함한 몸 상태 변화의 넓은 범위는 윌리엄 제임스가 주장했다(James, 1884, 1894).

안토니오 다마지오는 뇌의 특정 부위가 손상된 환자들에 대한 일련의 관찰을 통해 정서의 쇠퇴는 사람들이 의사결정을 어렵게 하는데 중요한 역할을 한다고 주장했다. 그에 따르면, 감정적 연결 신호가 연동하여 심장박동, 혈압, 장운동, 샘분비와 같이 본능적인 내적 상태를 바꾸고 이것이 인간의 의사결정을 구현하는 인지과정을 지원한다. 그렇기 때문에 전두엽 피질과 같은 특정한 뇌 범위의 손상이 개인적, 사회적, 그리고 재무적인 차원에서 사람들로 하여금 의사결정을 유리하게 만드는 경우가 발생 가능하다(Damasio, 1994; Damasio, Everitt, Bishop, 1996; Damasio, Tranel, Damasio, 1991). 그는 의사 결정 과정에서 정서가 담당하는 역할 중 하나로 '소마틱 마커'를 제안했다. 소마틱 마커는 사람들이 어떤 선택을 할 때 선택 대안들에 대한 손익 계산을 하기 위해 감각의 변화와 같은 신체적 반응이 먼저 일어난다는 것이다. 이 이론에 의하면, 어떤 사건이나 사람이 긍정 또는 부정적인 정서를 야기한다고 인식했다면, 그것은 이전에 동일한 사건이나 사람이 느끼게 한 감정이 함께 기억돼 무의식적으로 편향된 정서를 갖게 된다. 소마틱 마커에 의해 사람들은 무의식적으로 선택 대안들 중 고려 대상을 줄이게 되고, 그 안에서 의사결정을 하게 된다. 이는 감성의존식 대안 평가와 관련이 있는데, 사람들이 어떤 대상을 평가할 때 세부적인 속성에 의존하기보다는 그 대안과 관련돼 이미 내재적으로 갖고 있는 전반적인 감성적 평가를 기억에서 불러내옴으로써 대안을 평가한다(Wright, 1975). 이는 과거의 유사한 경험을 통해 갖게 된 정서가 뇌에 저장돼 있다가 필요한 상황에서 판단에 활용됨을 의미한다.

3. 인지, 정서, 그리고 체현(Embodiment)

인지와 정서, 그리고 체현은 어떻게 연결될까? 이 연결은 학습된 것인가 아니면 본능적인 것인가 아니면 둘 다 인가? 예를 들면 울음은 슬픈 감정을 만든다. 왜냐하면 울음은 대부분 슬픈 상황일 때 나타나는 반응이기 때문이다. 이와 유사하게, 머리를 끄덕이는 심플한 행동은 동의의 의미를 강하게 나타낸다. 머리 끄덕임은 대체로 'yes'의 신호지만, 동작의 영향은 문화권에 따라 달라질 수 있다(예: 불가리아에서는 고개를 끄덕이는 행위가 'no'라고 통용된다). 체현은 학습될 뿐 아니라 선천적이다.

(1) 비의식(Nonconsciousness)과 체화된 인지

Aparna A. Labroo와 동료들의 연구에 따르면, 마음과 몸 양방향 반응은 사람들의 행동을 가이드하거나, 그들의 목표를 이루기 위해 돕는 비의식 자원으로 연결돼 제공되는데 두 가지 방법이 있다. 첫 번째는, 마음에서 몸의 영향을 설명하는데, Labroo와 Nielsen(2010)은 물리적 혹은 생리학적으로 연결된 접근 감각은 사람들이 반감의 결과이며 다른 방법으로 회피적인 결과를 축소할 수 있다고 했다. 이 아이디어는 의식적으로 그들의 행동을 위해 결과나 접근법 공간 혹은 시간 등 사람들 스스로의 지각을 변경한다는 데 핵심이 있다. 즉 몸의 운동은 개인이 결과를 좋아해야만 하는 반응이라는 것이다. 이와 관련해, Hung과 Labroo(2011)는 만약 개인이 자기 통제를 하기를 희망한다면 단단해진 근육은 의지력에 대한 생각을 고치는 것을 돕는다고 했다.

이러한 결과들은 신체와 마음의 연결반응에 관련돼 있다. 마음의 신호가 낮을 때 의지력의 자원은 신체로부터 공급할 수 있는데, 목표 성취를 용이하게 하는 생각의 재수신 행동은 비의식적인 단서를 제공함으로써 돕는다.

(2) 멘탈 시뮬레이션(Mental simulations)과 체화된 인지

Niedenthal et al.(2009)은 실제 몸의 상태뿐만 아니라 경험의 시뮬레이션이 추상적인 개념의 과정과 깊이 연관돼 있다고 주장했다. 체화된 인지의 역할이 멘탈 시뮬레이션을 하게 한다면, 어떻게 그렇게 된다는 것일까? 이는 다음의 질문과 관련돼 있다. 소마틱 마커 이론에 따라 충분히 부차적으로 유도돼 봄 움식임을 내체할 수 있디먼, 멘탈 시뮬레이션은 어떠한 조건이어야 하는가? 소마틱 마커의 시뮬레이션 혹은 과거의 경험이 촉발돼 몸의 움직임에 대한 시뮬레이션을 가능하게 만드는 데, 멘탈 시뮬레이션이 가능한 것은 동일한 몸의 움직임이 같은 기억을 촉발하는 데, 판단과 결정에도 동일하게 적용될까?

최근 연구는 체화된 인지에서 행동적 반응에 대한 멘탈 시뮬레이션의 효과에 주목한다. 예를 들어 Elder와 Krishna(2012)에 따르면 생산물의 시각적 묘사는 멘탈 시뮬레이션을 용이하게 하고 행동적 결과에 유의한 영향을 미친다. 몇몇 연구의 연구자들은 광고 안의 시각적 제품 묘사는 피험자가 주로 사용하는 손으로 인해 늘어난 운동 반응(행동적 의도)으로 멘탈 시뮬레이션을 용이하게 한다. 즉 시각적 묘사는 상상되는 행동을 이끄는데, 이때 정서적인 경로를 통과하여 지각의 변경이 일어날 필요는 없다.

(3) 감각 지각(Sensory perception)과 체화된 인지

체화된 인지의 탐구에서 최근 연구의 대부분은 감각운동 효과에서 사람과 인지와 정서적 반응에 대해 운동 주도보다 감각 주도 과정에 포커스를 맞추고 있다. 이들은 주로 인지적, 정서적, 그리고 행동적 반응에서 후각, 촉각, 미각, 청각, 시각의 영향을 조사한다. Williams, Huang, Bargh(2009)는 감각 경험에 대한 이해는 추상적인 개념의 학습을 이해하는 데 도움이 된다고 했다. 이 연구는 온도, 빛, 색깔, 소리, 냄새, 고통, 맛 등과 같은 구체적인 감각 경험이 사회적 유대감, 도덕성, 안전성, 파워와 같은 높은 수준의 추상적인 개념과 연관돼 있음을 보였다.

(4) 인지적 평가(Cognitive appraisals)와 체화된 인지

최근 연구들은 정서의 하나로 희망에 접근하며(예: MacInnis와 de Mello, 2005), 희망이 명백히 두 개의 독립된 구조를 갖는다고 했다. 이들에 의하면 희망은 불안정한 결과에 대한 뜨거운 희망과 확실한 결과와 연결된 차가운 희망으로 나뉜다(Nenkov, acInnis, Morrin, Reimann, 2011). 그런데 이러한 희망의 유형은, ① 결과를 염원하는 것을 위한, ② 목표-일치하는, ③ 불확실한 미래 초점이라는 인지적 관점에서 평가할 수도 있고, 바람직한 또는 불확실한 관점에서도 접근할 수 있다. 체화된 인지와 관련해 이 두 유형을 보면, 이들은 밀접하게 연관되지만 서로 다른 방식의 두 가지 경험과 연결돼 있다. 뜨거운 희망은 바람직한 평가의 차원에 고정돼, 즉각적이고 자동적인 것과 함께 '뜨거운' 욕망에 대한 몸의 지각과 유쾌함이 연결돼 있을 수 있고, 차가운 희망은, 확실한 평가의 차원에 고정돼 가능성의 인지적 평가와 '차가움'이 함께 연결돼 있을 수도 있다. 그리고 이러한 뜨거움과 차가움은 실제 온도와 관련된 신체 감각과도 유기적으로 연관될 수 있다.

(5) 은유와 체화된 인지

체화된 인지에서 중요한 질문 중 하나는 '어떻게 몸의 경험이 개념적 시스템과 동기부여로 나타나는가'이다. Damasio(1994)는 몸의 움직임과 의사결정에 우선시, 편향(bias)과 동기부여의 감각에 대하여 논의했다. Lakoff는 인지적 은유 이론에 대해 어떻게 구체적인 몸의 경험이 추상적 경험을 이해하기 위한 편향을 갖게 하는지 설명했다(Lakoff와 Johnson, 1999). 그에 의하면 사람은 처음 물리적으로 직접적인 경험(위 vs. 아래, 가까운 vs. 먼)을 통해 구체적인 지식을 획득한다. 더 추상적인 구조의 높은 감각이 만드는 빌딩 블럭을 통해 낮은 수준에서 더 구체적인 지식이 된다. 예를 들어, 시간은 종종 물리적 공간과 연결돼 이해된다(예: 나는 '앞으로' 당신을 보기를 기대합니다, Thibodeau와 Boroditsky, 2011). 그리고 물리적으로 투명한 시각을 통해 도덕성 혹은 부조화와 같은 개념을 본다(예: Lee와 Schwarz, 2010b; Schnall, Haidt, Clore, Jordan, 2008; Zhong과 Liljenquist, 2006).

판단과 선택 과정의 영향에서 체화된 인지연구가 활발해지면서, 신체적 반응이라는 강력한 증거가 제시되고 있다. 체화된 인지 연구는 임상심리학(예: Secord와 Jourard, 1953), 인지언어학(예: Lakoff, 1987), 인지(예: Barsalou, 1999) 및 신경 심리학(예: Damasio, 1994) 이론에서 많은 논리를 세우고 있으며, 특히 최근 들어 소비자 연구 및 의사 결정 연구

(예: fMRI, cf. Kable, 2011; Reimann, Schilke, Weber, Neuhaus, Zaichkowsky, 2011)에서 방법론의 성장 및 영역 내에서의 지식의 정도가 깊어지고 있다. 또한 선택과 판단의 영역 바깥으로 체화된 인지의 영역이 이어지고 있는데, 소마틱 마커 이론은 신체적 상태를 생성하는 전두엽 피질의 활동에 의해서 사람들이 환경에 효율적으로 대처함을 보인다.

여기에서는 특히 체화된 인지가 강조하고 있는 '경험을 통해 축적된 신체적 반응으로서의 기억'이 후속적인 정보에 대한 반응에 어떻게 영향을 주는지에 관심이 있다. 특히 이 영향의 기저에 상이한 문화적 배경이 어떻게 작용을 하는지를 살펴보고자 한다. 동아시아 문화권이 상호보완적인 특성을 갖고 있으며, 서구 문화권이 독립적인 특성을 갖고 있기 때문에 동아시아 문화권은 그룹 단위로 감각적 활동이 일어날 때 체화된 인지가 더욱 활성화되는 반면, 서구 문화권에서는 개별 단위로 감각적 활동이 일어날 때 체화된 인지가 더욱 활성화될 가능성이 높다. 민동원(2016)은 동아시아 문화권과 서구 문화권의 피험자를 대상으로 2(문화권: 동아시아 vs. 서구)×2(조건: 그룹 vs. 개별)×2(머리움직임: 끄덕임 vs. 가로젓기) 집단 간 설계의 실험에서 친환경 생수 광고의 메시지에 대한 설득 정도를 태도를 통해 살펴봤다.

그 결과 그룹 조건의 경우 동아시아 문화권의 피험자가 서구 문화권의 피험자보다 끄덕임의 긍정적인 태도 형성이 강하게 나타났으며 반대로 동아시아 문화권의 피험자가 서구 문화권의 피험자보다 가로저음의 부정적인 태도 형성이 강하게 나타났다. 그룹 조건에서는 끄덕임 피험자가 가로젓기 피험자보다 호의적인 태도를 보였으며 개별 조건의 경우는 그룹 조건과 반대의 결과가 나타났다. 구체적으로 서구 문화권의 피험자가 동아시아 문화권의 피험자보다 끄덕임의 긍정적인 태도 형성이 강하게 나타났으며, 반대로 서구 문화권의 피험자가 동아시아 문화권의 피험자보다 가로저음의 부정적인 태도 형성이 강하게 나타났다.

이처럼 민동원(2016)에서는 체화된 인지에 미치는 문화권의 차이가 뚜렷하게 나타났다. 체화된 인지의 정도 자체가 문화권에 따라 다르지 않았으나, 어떤 상황에서 체화된 인지를 하는지에 따라 문화권별로 양상은 다르게 나타났다. 구체적으로, 체화된 인지가 발현되는 상황이 그 문화권의 속성(전체주의 vs. 개인주의)과 얼마나 일관되는지에 따라서 일관된 때에는 그렇지 않은 때보다 체화된 인지의 효과가 증폭되는 것으로 나타났다. 이는 문화권에 따라 정보처리 및 지각적 반응에 이미 내재된 상이함이 분명함을 의미한다.

문화는 사람들이 그 환경에 오랜 기간 속해 있기 때문에, 종교, 언어, 가치관, 관습 등 기본적인 양식으로서 오랫동안 삶을 지배한다. 사람들이 갖는 기본적인 욕구는 매우 유사하며, 욕구의 위계 또한 문화권에 따라 유사하다. 하지만 어떻게 그 욕구를 충족시키는지는 문화권마다 다르다. 그렇기 때문에 상이한 문화권에 대한 이해는 매우 중요하며 동일한 대상에 대해서도 어떻게 문화권에 따라 다르게 인식하고 반응하는지 또한 중요하다.

문화는 여러 차원을 기준으로 상이한 유형으로 구분되며, 여기에서는 전체주의적 성향이 강한 동아시아 문화권과 개별주의적 성향이 강한 서구 문화권에 집중했다. 그런데 널리 알려진 문화 유형 분류의 학자인 Geert Hofstede는 문화가 전체주의와 개인주의 이외에도 파워의 거리(power distance), 불확실성 회피성향, 그리고 남성성과 여성성에 따라서도 구분된다고 한다(Hofstede, 1984). 파워의 거리는 문화의 구성원이 그들 간의 불균형한 파워의 배분을 얼마나 인정하는가와 관련이 있으며, 동아시아 문화권에서는 비교적 강력한 리더십이 사회적으로 수용될 가능성이 높은 반면, 서구 문화권에서는 비교적 구성원의 고른 파워 배분이 가치 있게 받아들이는 경향이 높다. 한편 불확실성 회피 성향은 사람들이 얼마나 위험 부담을 피하고자 하는 경향이 강한지를 의미하는데 일본의 경우는 불확실성 회피 성향이 매우 높은 반면, 같은 아시아권에서도 싱가폴의 경우는 낮은 편이다. 남성성과 여성성의 경우 각 문화권에 따라 인정받는 가치의 유형이 다르게 나타나도록 하는데, 남성적 문화권에서는 사회적 성공(예: 높은 지위, 높은 수입)이, 여성적 문화권에서는 타인에 대한 배려와 주관적 웰빙 등이 더 높은 가치를 갖는다.

따라서 향후 관련 연구에서는 보다 문화권을 세부적으로 접근하고, 각 문화권에서의 체화된 인지가 어떠한 맥락일 때 보다 잘 발현될 수 있는지를 살펴보는 것은 의미가 있을 것이다. 동아시아 또는 서구의 동일한 문화권에서도 여러 상황에 따라 상이한 성향을 보이기 때문이다. 이와 더불어 체화된 인지에 영향을 미칠 수 있는 변수들에 대한 연구도 제안할 수 있다. 최근의 몇 연구들은 체화된 인지에 접근하는데 이것이 주변 자극에 대한 시뮬레이션과 관련이 있다는 점에 주목했다(Lee와 Min, 2010; Min과 Kang, 2012). 이 연구들은 타인의 관점을 얼마나 잘 수용하는지가 체화된 인지를 더 혹은 덜 활성화함을 보였다. 따라서 문화권을 보다 다양한 차원으로 접근하고, 또한 체화된 인지에 영향을 줄 수 있는 개인적 요인들까지 고려할 수 있을 것이며, 문화권과의 상황적 조건(적합 vs. 비적합)이 문화권 구분의 다른 차원(예: 파워의 거리, 불확실성 회피 성향, 남성성/여성성)에서 유사한 효과를 나타내는지까지 살펴본다면, 다양한 문화권에 대해 그 구성원의 체화된 인지 활성화를 보다 본질적으로 이해하게 될 것이다.

민동원 (2013). 모니터 각도가 정보처리에 미치는 영향: 체화된 인지와 심리적 파워의 관점에서. *상품학연구*, 31(5), 61-72.

민동원 (2016), 문화권의 특성에 따른 체화된 인지 반영연구, working paper.

민동원, 김지헌 (2012). 심리적 파워가 브랜드 확장 제품의 스테레오타이핑에 미치는 영향. *광고학연구*, 23(7), 35-61.

Aaker, J. and Lee, A. Y. (2001). "I" seek pleasures and "We" avoid pains: The role of self-regulatory goals in information processing and persuasion. *Journal of Consumer Research*, 28(3), 33-49.

Ackerman, J. M., Huang, J. Y., and Bargh, J. A. (in press). Evolutionary perspectives on social cognition. In S. T. Fiske and C. N. Macrae (Eds.), *The Handbook of Social Cognition*. Thousand Oaks, CA: Sage.

Ackerman, J. M., Nocera, C. C., and Bargh, J. A. (2010). Incidental haptic sensations influence social judgments and decisions. *Science*, 328, 1712-1715.

Alicke, M. D., Klotz, M. L., Breitenbecher, D. L., Yurak, T. J., and Vredenburg, D. S. (1995). Personal contact, individuation, and the better-than-average effect. *Journal of Personality and Social Psychology*, 68, 804-825.

Amabile, T. M. (1996). *Creativity in context*. Boulder, CO: Westview Press.

Arasaratnam, L. A., and Doerfel, M. L. (2005). Intercultural communication competence: Identifying key components from multicultural perspectives. *International Journal of Intercultural Relations*, 29, 137-163.

Arndy, J., Greenberg, J., Solomon, S., Pyszczynski, T., and Schimel, J. (1999). Creativity and terror management: Evidence that creative activity increase guilt and social projection following mortality salience. *Journal of Personality and Social Psychology*, 77, 19-32.

Asakawa, K., and Csikszentmihalyi, M. (1998). The quality of experience of Asian American adolescents in academic activities: An exploration of educational achievement. *Journal of Research on Adolescences*, 8, 241-262.

Azuma, H., Kashiwagi, K., and Hess, R. (1981). *The influence of attitude and behavior upon the child's intellectual development*. Tokyo: University of Tokyo Press.

Bandura, A. (1977). *Social learning theory*. Englewood Cliffs, NJ: Prentice-Hall.

Barron, F., and Harrington, D. M. (1981). Creativity, intelligence, and personality. *Annual Review of Psychology*, 32, 439-476.

Barsaou, L. W. (1985). Ideals, central tendency, and frequency of instantiation as determinants of graded structure in categories. *Journal of Experimental Psychology: Learning, Memory, and Cognition*, 11, 629-654.

Barsalou, Lawrence W. (1999), Perceptual symbol systems. *Behavioral and Brain Sciences*, 22(4), 577-660.

Barsalou, Lawrence W. (2008), Grounded cognition, *Annual Review of Psychology*, 59, 617-45.

Bartlett, F. C. (1958). *Thinking: An experimental and social study*. New York: Basic Books.

Battig, W. F., and Montague, W. E. (1969). Category norms for verbal items in 56 categories: A replication and extension of the Connecticut category norms. *Journal of Experimental Psychology Monographs*, 80(3, Pt 2).

Baumeister, R. F., Hamilton, J. C., and Tice, D. M. (1985). Public versus private expectancy of success: Confidence booster or performance pressure. *Journal of Personality and Social Psychology*, 48, 1447-1457.

Bechara, A. (2005). Decision making, impulse control and loss of willpower to resist drugs: A neurocognitive perspective. *Nature Neuro-*

science, 8, 1458-1463.

Bechara, A., Damasio, A. R., Damasio, H., and Anderson, S. W. (1994). Insensitivity to future consequences following damage to human prefrontal cortex. *Cognition*, 50, 7-15.

Bechara, A., and Damasio, A. R. (2005). The somatic marker hypothesis: A neural theory of economic decision. *Games and Economic Behavior*, 52, 336-372.

Bechara, A., Damasio, H., Tranel, D., and Damasio, A. R. (1997). Deciding advantageously before knowing the advantageous strategy. *Science*, 275, 1293-1295.

Beilock, S. L., and Goldin-Meadow, S. (2010). Gesture changes thought by grounding it in action. *Psychological Science*, 21, 1605-1610.

Beilock, S. L., and Holt, L. E. (2007). Embodied preference judgments: Can likeability be driven by the motor system? *Psychological Science*, 18, 51-57.

Bem, Sacha and Fred Keijzer (1996), Recent changes in the concept of cognition, *Theory and Psychology*, 6(1), 449-469.

Bond, M. H., Leung, K., and Wan, K. C. (1982). How does cultural collectivism operate? The impact of task and maintenance contributions on reward distribution. *Journal of Cross-Cultural Psychology*, 13, 186-200.

Briñol, Pablo and Richard E. Petty (2008), Embodied persuasion: Fundamental processes by which bodily responses can impact attitudes. In Gun R. Semin and Eliot R. Smith (Eds.), *Embodied Grounding: Social, Cognitive, Affective, and Neuroscientific Approaches* (pp. 184-207), Cambridge, England: Cambridge University Press.

Brew, F. P., and Cairns, D. R. (2004). Do culture or situational constraints determine choice of direct or indirect styles in intercultural workplace conflicts? *International Journal of Intercultural Relations*, 28, 331-352.

Brewer, M. B., and Gardner, W. (1996), Who is this "we"? Levels of collective identity and self-representations. *Journal of Personality and Social Psychology*, 71, 83-93.

Brewer, M. B., Hong, Y., and Li, Q. (2004). Dynamic entitativity: Perceiving groups as actors. In V. Yzerbyt, C. M. Judd, and O.

Corneille (Eds.), *The Psychology of Group Perception: Perceived Variability, Entitativity, and Essentialism* (pp. 25-38). New York: Psychology Press.

Briñol, Pablo and Richard E. Petty (2003), Overt head movements and persuasion: A self-validation analysis. *Journal of Personality and Social Psychology*, 84(6), 1123-1139.

Briñol, Pablo and Richard E. Petty (2008), Embodied persuasion: Fundamental processes by which bodily responses can impact attitudes. In Gun R. Semin and Eliot R. Smith (Eds.), *Embodied Grounding: Social, Cognitive, Affective, and Neuroscientific Approaches* (pp. 184-207), Cambridge, England: Cambridge University Press.

Briñol, Pablo, Richard E. Petty, and Benjamin C. Wagner. (2011), Embodied attitude change. *Social and Personality Psychology Compass*, 5(12), 1039-1050.

Briñol, Pablo, Richard E. Petty, and Benjamin C. Wagner (2012), Embodied validation: Our body can change and also validate our thoughts. In Pablo Briñol, and Kenneth G. DeMarree (Eds.), *Social Metacognition* (pp. 219-240), New York: Psychology Press.

Briñol, Pablo, Richard E. Petty, Carmen Valle, Derek Rucker, and Alberto Becerra (2007), The effect of message recipients' power before and after persuasion: A self-validation analysis. *Journal of Personality and Social Psychology*, 93(1), 1040-1053.

Broaders, S. C., Cook, S. W., Mitchell, Z. A., and Goldin-Meadow, S. (2007). Making children ges- ture brings out implicit knowledge and leads to learning. *Journal of Experimental Psychology*: *General*, 136, 539-550.

Brown, J. D. (2003). The self-enhancement motive in collectivistic cultures. The rumors of my death have been greatly exaggerated. *Journal of Cross-Cultural Psychology*, 34

Brown, P., and Levinson, S. (1987). *Politeness: Some Universals in Language usage*. Cambridge: Cambridge University Press.

Bruner, J. (1999), *Act of Meaning*, Cambridge, MA: Harvard University Press.

Bushman, B. J., and Baumeister, R. F. (1998). Threatened egotism, narcissism, self-esteem and direct and displaced aggression: Does self-love of self-hate lead to violence. *Journal of Personality and Social Psychology*, 75, 219-229.

Cacioppo, J. T., Priester, J. R., and Berntson, G. G. (1993). Rudimentary determinants of attitudes II: Arm flexion and extension have differential effects on attitudes. *Journal of Personality and Social Psychology*, 65, 5-17.

Cai, H., Brown, J. D., Deng, C., and Oakes, M. A. (2007). Self-esteem and culture: Differences in cognitive self-evaluations or affective self-regard? *Asian Journal of Social Psychology*, 10, 162-170.

Carney, D. R., Cuddy, A. J. C., and Yap, A. J. (2010). Power posing: Brief nonverbal displays affect neuroendocrine levels and risk tolerance. *Psychological Science*, 21, 1363-1388.

Casasanto, D. (2009). Embodiment of abstract con- cepts: Good and bad in right- and left-handers. *Journal of Experimental Psychology: General*, 138, 351-367.

Carringer, D. C. (1974). Creative thinking abilities of Mexican youth: The relationship of bilingualism. *Journal of Cross-Cultural Psychology, Vol 31* (pp. 123-190). San Diego, CA: Academic Press.

Centerbar, D. B., Clore, G. L., Schnall, S., and Garvin, E. (2008). Affective incoherence: When affective concepts and embodied reactions clash. *Journal of Personality and Social Psychology*, 94, 560-578.

Chan, D. K.-S., and Goto, S. G. (2003). Conflict resolutions in the culturally diverse workplace: Some data from Hong Kong employees. *Applied Psychology: An International Review*, 52, 441-460.

Chandler, J., and Schwarz, N. (2009). How extending your middle finger affects your perception of others: Learned movements influence concept accessibility. *Journal of Experimental Social Psychology*, 45, 123-128.

Chang, E. C., and Asakawa, K. (2003). Cultural variations on optimistic and pessimistic bias for self versus a sibling: Is there evidence for self-enhancement in the West and for self-criticism in the East when the referent group is specified. *Journal of Personality and Social Psychology*, 84, 569-581

Chang, E. C., and Asakawa, K., and Sanna, L. J. (2001). Cultural variations in optimistic and pessimistic bias: Do Easterners really expect the worst and Westerners really expect the best when predicting future life events? *Journal of Personality and Social Psychology*, 81, 476-491.

Chao, M. M., Chen, J., Roisman, G., and Hong, Y. (2007), Essentializing race: Implications for bicultural individuals' cognition and affect, *Psychological Science*, 18, 341-348.

Chao, M. M., Zhang, Z.-X., and Chiu, C.-y. (2010). Adherence to perceived norms across cultural boundaries: The role of need for cognitive closure and ingroup identification. *Group Processes and Intergroup Relation*, 13, 69-89.

Chen, S., and Andersen, S. M. (1999). Relationships from the past in the present: Significant-other representations and transference in interpersonal life. In M. P. Zanna (Ed.), *Advances in Experimental social Psychology, Vol. 31* (pp. 123-190). San Diego, CA: Academic Press.

Chen, L., and Isa, M. (2003). Intercultural communication and cultural learning: The experience of Japanese visiting students in the U.S. *Howard Journal of Communications*, 14, 75-96.

Cheng, C., Chiu, C., Hong, Y., and Cheung, J. S. (2001). Discriminative facility and its role in the perceived quality of interactional experiences. *Journal of Personality*, 69, 765-786.

Chiu, C.-y., and Cheng, S. Y-y. (2007). Toward a social psychology of culture and globalization: Some social cognitive consequences of activating two cultures simultaneously. *Social and Personality Psychology Compass*, 1, 84-100.

Chiu, C-y., Gelfand, M., Yamagishi, T., Shteynberg, G., and Wan, C. (2010), Intersubjective culture: The role of intersubjective perceptions in cross-cultural research. *Perspectives on Psychological Science,* 5, 482-493.

Chiu, C-y., and Hong, Y. (2006), *Social Psychology of Culture*, New York: Psychology Press.

Chiu, C-y., and Hong, Y. (2007), Cultural processes: Basic Principles. In E. T. Higgins and A. E. Kruglanski (Eds.), *Social psychology: Handbook of Basic Principles* (pp 785-809), New York: Guilford.

Chiu, C-y., and Hong, Y., and Dweck, C. (1997), Lay dispositionism and implicit theories of personality. *Journal of Personality and social Psychology*, 73, 19-30.

Chiu, C-y., C., Hong, J., and Fu, J. (1997), Implicit theories and conceptions of morality. *Journal of Personality and Social Psychology*, 73, 923-940.

Chiu, C.-y., Leung, A. K.-y and Kwan, L. (2007). Language, cognition, and culture: Beyond the Whorfian hypothesis. In S. Kitayama and D. Cohen (Eds.), *Handbook of Cultural Psychology* (pp. 668-688), New York: Guilford.

Chiu, C.-y., Morris, M., Hong, Y., and Menon, T. (2000). Motivated cultural cognition: The impact of implicit cultural theories on dispositional attribution varies as a function of need for closure. *Journal of Personality and Social Psychology*, 78, 247-259.

Choi, I., and Choi, Y. (2002). Culture and self-concept flexibility. *Personality and Social Psychology Bulletin*, 28, 1508-1517.

Costa, R. T., and McCrae, R. R. (1992). *Revised* NEO *Personality Inventory(NEO PI-R) and NEO Five-factor Inventory(NEO-FFI) Professional Manual*. Odessa, F: Psychological Assessment Resource.

Cross, P.(1977, Spring). Not can but will college teaching be improved? Now directions for higher education, 17, 1-15. Reported in D. G. Myers (1990), *Social Psychology* (3rd ed.) New York: McGraw-Hill.

Crutchfield, R. S. (1962). Conformity and creative thinking. In H. Gruber, G. Terrell, and M. Wertheimer (Eds.), *Contemporary Approaches to Creative Thinking*. New York: Atherton.

Csikszentmihalyi, M. (1996). *Creativity: Flow and the Psychology of Discovery and Invention*, New York: HarperCollins.

Csordas, T.J. (1994). *Embodiment and Experience*. Cambridge: Cambridge University Press.

Damasio, A. R. (1994). *Descartes' Error: Emotion, Reason and the Human Brain*. New York, NY: Putnam.

Damasio, A. R. (2010). *Self Comes to Mind: Constructing the Conscious Brain*. New York, NY: Pantheon.

Damasio, A. R., Everitt, B. J., and Bishop, D. (1996). The somatic marker hypothesis and the possible functions of the prefrontal cortex. *Philosophical Transactions: Biological Sciences*, 351, 1413-1420.

Damasio, A. R., Tranel, D., and Damasio, H. (1991). Somatic markers and the guidance of behavior: Theory and preliminary testing. In H. S. Levin, H. M. Eisenberg, and A. L. Benton (Eds.), *Frontal Lobe Function and Dysfunction* (pp. 217-229). New York, NY: Oxford University Press

Davis, Joshua Ian and Arthur B. Markman (2012), Embodied cognition as a practical paradigm: Introduction to the topic, The future of embodied cognition. *Topics in Cognitive Science*, 4(1), 485-691.

D'Andrade, R. (1987). A folk model of the mind. In D. Holland and N. Quinn(Eds.), *Cultural Models in Language and Thought* (pp.1112-148), Cambridge, UK: Cambridge University Press.

Dimberg, U., Thunberg, M., and Elmehed, K. (2000). Unconscious facial reactions to emotional facial expressions. *Psychological Science*, 11, 86-89.

Duclos, S. E., Laird, J. D., Schneider, E., Sexter, M., Stern, L., and Van Lighten, O. (1989). Emotion- specific effects of facial expressions and postures on emotional experience. *Journal of Personality and Social Psychology*, 57, 100-108.

Durkheim, E (1912). *The Elementary Forms of the Religious Life*. Free Press.

Dweck, C., and Bempechat, J. (1983), Children's theories of intelligence, In S. Paris, G. Olsen, and H. Stevenson (Eds.), *Learning and Motivation in the Classroom* (pp.239-256), Hillsdale, NJ: Lawrence Erlbaum.

Elder, R. S., and Krishna, A. (2012). The "visual depiction effect" in advertising: Facilitating embodied mental simulation through product orientation. *Journal of Consumer Research*, 38. 988-1003.

Elliot, A. J., Chirkov, V. I., Kim, Y.-M., and Sheldon, K. M.(2001). A cross-cultural analysis of avoidance (relative to approach) personal goals. *Psychological Science*, 12, 505-510.

Endo, Y., Heine, S. J., and Lehman D. R. (2000). Culture and positive illusions in relationships: How my relationships are better than yours. *Personality and Social Psychology Bulletin*, 26, 1571-1586.

Eskine, K. J., Kacinik, N. A., and Prinz, J. J. (2011). A bad taste in the mouth: Gustatory disgust influences moral judgment. *Psychological Science*, 22, 295-299.

Feist, G. J. (1998). A meta-analysis of the impact of personality on scientific and artistic creativity. *Personality and Social Psychological Review*, 2, 209-309.

Finke, R. A., Ward, T. B., and Smith, S. M. (1992). *Creative Cognition: Theory, Research, and Applications*. Cambridge, MA: MIT Press.

Flack, W. F. (2006). Peripheral feedback effects of facial expressions, bodily postures, and vocal expressions on emotional feelings. *Cognition and Emotion*, 20, 177-195.

Forster, J. (2004). How body feedback influences consumers' evaluation of products. *Journal of Consumer Psychology*, 14, 416-426.

Freyd, J. J. (1983), Shareability: The social psychology of epistemology. *Cognitive Science*, 7, 191-210.

Frijda, N. H., Kuipers, P., and ter Schure, E. (1989). Relations among emotion, appraisal, and emotional action readiness. *Journal of Personality and Social Psychology*, 57, 212-228.

Fu, H-y., Chiu, C.-y., Morris, M. W., Young, M. (2007). Spontaneous inferences from cultural cues: Varying response of cultural insiders and outsiders. *Journal of Cross-Cultural Psychology*, 38, 58-75.

Fu, H., Morris, M. W., Lee, S., Choa, M., Chiu, C.-y., and Hong, Y. (2007). Epistemic motives and cultural conformity: Need for closure, culture, and context as determinants of conflict judgments. *Journal of Personality and Social Psychology*, 9, 191-207.

Furnham, A. (1988), *Lay Theories: Everyday Understanding of Problems in the Social Sciences*, Oxford: Pergamon Press.

Fussell, S. R., and Krauss, R. M. (1992). Coordination of knowledge in communication: Effects of speakers' assumptions about others' knowledge. *Journal of Personality and Social Psychology*, 62, 378-391.

Galton, Francis (1884), Measurement of character. *Fortnightly Review*, 42(1), 179-185.

Gibbons, F. X., and MacCoy, S. B. (1991). Self-esteem, similarity, and reactions to active versus passive downward comparison. *Journal of Personality and Social Psychology*, 60, 414-424.

Giles, H., and Powesland, P. F. (1992). *Speech style and social evalu-*

ation. London: Academic Press.

Glenberg, Arthur M. (1997), What memory is for: Creating meaning in the service of action. *Behavioral and Brain Science*, 20(1), 1-55.

Glenberg, A. M., Robertson, D. A., Kaschak, M. P., and Malter, A. J. (2003). Embodied meaning and negative priming. *Behavioral and Brain Sciences*, 26, 644-647.

Goldin-Meadow, S., Cook, S. W., and Mitchell, Z. A. (2009). Gesturing gives children new ideas about math. *Psychological Science*, 20, 267-272.

Goldstone, R and Barsalou, L. W. (1998). Reuniting perception and conception. *Cognition*, 65, 231-262.

Grant, E. R., and Spivey, M. J. (2003). Eye movements and problem solving: Guiding attention guides thought. *Psychological Science*, 14, 462-466

Greenberg, J., Soloman, S., Pyszczynski, T., Roseblatt, A., Burling, J., Lyon, D., et al. (1992). Why do people need self-esteem? Converging evidence that self-esteem serves an anxiety-buffering function. *Journal of Personality and Social Psychology*, 63, 913-922.

Greenberg, J., Pyszczynski, T., Solomon, S., Rosenblatt, A., Veeded, M., and Kirkland, S. (1990). Evidence for terror management theory II: The effects of mortality salience on reaction to those who threaten or bolster the cultural world view. *Journal of Personality and Social Psychology*, 58, 308-381.

Greenberg, J., Pyszczynski, T., Solomon, S., Simon, L., and Breus, M. (1994). Role of consciousness and accessibility of death-related thoughts in mortality salience effects. *Journal of Personality and Social Psychology*, 67, 627-637.

Greenberg, J., Solomon, S., and Pyszczynski, T. (1997). Terror management theory of self-esteem and cultural worldviews: Empirical assessments and conceptual refinements. In M. P. Zanna (Ed.), *Advances in Experimental Social Psychology, Vol. 29* (pp.61-139). New York: Academic Press.

Guilford, J. P (1959). Traits of creativity. In. H. H. Anderson (Ed.), *Creativity and Its Cultivation* (pp. 61-139). New York: Academic Press.

Guimera, R., Uzzi. Spiro, J., and Amaral, L. A. N. (2005). Team assembly mechanisms determine collaboration network structure and team performance, *Science*, 308, 697-702.

Heaton, A. W., and Kruglansk, A. W. (1991). Person Perception by introverts and extroverts under time pressure: Need for closure effects. *Personality and Social Psychology Bulletin*, 17, 161-165.

Heine, S. J., Hamamura, J. (2007). In search of East Asian self-enhancement. *Personality and Social Psychology Review*, 11, 1-24.

Heine, S. J., Kitayama, S., and Lehman, D. R. (2001). Cultural differences in self-evaluation: Japanese readily accept negative self-relevant information. *Journal of Cross-Cultural Psychology*, 32, 434-443.

Heine, S. J., and Lehman, D. R. (1995). Cultural variation in unrealistic optimism: Does the West feel more invulnerable than the East? *Journal of Personality and Social Psychology*, 68, 595-607.

Heine, S. J., Lehman, D. R., Markus, H. R., and Kitayama, S. (1999). Is there a universal need for positive self-regard? *Psychological Review*, 106, 766-794.

Heine, S. J., Lehman, D. R., Peng, K., and Greenholtz, J. (2002), What's wrong with cross-cultural comparisons of subjective Likert scales? The reference-group effect. *Journal of Personality and Social Psychology*, 82, 903-918.

Higgins, E. T., Friedman, R. S., Harlow, R. E., Idson, L, C., Ayduk, O. N., and Taylor, A. (2001). Achievement orientations from subjective histories of success: Promotion pride versus prevention pride. *European Journal of Social Psychology*, 90, 368-381.

Hong, Y., Wan, C., No, S., and Chiu, C-y. (2007), Multicultural identities, In S. Kitayama and D. Cohen (Eds.), *Handbook of Cultural Psychology* (pp. 323-345), New York: Guilford.

Huang, L., Galinsky, A. D., Gruenfeld, D. H., and Guillory, L. E. (2011). Powerful postures versus powerful roles: Which is the proximate correlate of thought and behavior. *Psychological Science*, 22, 95-102.

Hung, Iris W. and Aparna A. Labroo (2011), From firm muscles to firm willpower: Understanding the role of embodied cognition in self-regulation. *Journal of Consumer Research*, 37(6), 1046-1064.

Huntsinger, C. S., Schoeneman, J., and Ching, W.-d.(1994). A cross-cultural study of young children's performance on drawing and handwriting tasks. Paper presented at the conference of the Midwestern Psychological Association, Chicago, IL.

Ignatow, Gabriel (2007), Theories of Embodied Knowledge: New Directions for Cultural and Cognitive Sociology?. *Journal for the Theory of Social Behaviour*, 37(2), 115-135.

Ip, G. W.-m., Chen, J., and Chiu, C.-y. (2006). The relationship of promotion focus, need for cognitive closure, and categorical accessibility in American and Hong Kong Chinese university students. *Journal of Creative Behavior*, 40, 201-215.

Ip, G. W.-m., Chiu, C.-y., and Wan, C. (2006). Birds of a feather and birds flocking together: Physical versus behavioral cues may lead to trait-versus goal-based group perception. *Journal of Personality and Social Psychology*: General, 90, 368-381.

Isaacs, E. A. and Clark, H. H. (1987). References in conversations between experts and novices. *Journal of experimental Psychology: General*, 116, 26-37.

James, W. (1884). What is an emotion. *Mind*, 9, 188-205.

James, W. (1894). The physical basis of emotion. *Psychological Review*, 1, 516-529.

Jenn, K. A., Northcraft, G. B. and Neale, M. A. (1999). Why differences make a difference: A field study of diversity, conflict and performance in workgroups. *Administrative Science Quarterly, December*, 741-763.

Jettnen, J., Sepears, R., and Mastead, A. S. R. (1997). Distinctiveness threat and prototypicality: Combined effects on intergroup discrimination and collective self-esteem. *European Journal of Social Psychology*, 27, 635-657.

Johansson, F. (2005). Masters of the multicultural. *Harvard Business Review*, 63, 8.

Jostmann, N. B., Lakens, D., and Schubert, T. W. (2009). Weight as an embodiment of importance. *Psychological Science*, 20, 1169-1174.

Joy, A., and Sherry, J. F. (2003). Speaking of art as embodied imagination: A multisensory approach to understanding aesthetic experience. *Journal of Consumer Research*, 30, 259-282.

Kable, J. W. (2011). The cognitive neuroscience tool-kit for the neuroeconomist: A functional overview. *Journal of Neuroscience, Psychology, and Economics*, 4, 63-84.

Kang, S., Shaver, P.R., Min, K., and Jin, H(2003). Culture-specific patterns in ther prediction of life satisfaction: Roles of emotion, relationship quality, and self-esteem. *Personality and Social Psychology Bulletin*, 29, 1596-1608.

Kashima, Y. (2000). Maintaining Cultural Stereotypes in the Serial Reproduction of Narratives. *Personality and Social Psychology Bulletin*, 26, 594-604.

Kashima, Y. (2002). Culture and social cognition: Towards a social psychology of cultural dynamics. In D. Matsumoto(Ed.), *Handbook of Culture and Psychology* (pp.325-360), New York: Oxford University Press.

Kashima, E. S., Halloran, M., Yuki, M., and Kashima Y. (2004). The effects of personal and collective mortality salience on individualism: Comparing Australians and Japanese with higher and lower self-esteem. *Journal of Experimental Social Psychology*. 40. 384-392.

Kashima, E. S., and Loh, E. (2006). International students' acculturation: Effects of international, conational, and local ties and deed for closure. *International Journal of Intercultural Relations*, 30, 471-485.

Kashima, Y., Woolcock, J., and Kashima, E. (2000). Group impressions as dynamic configurations: The tensor product model of group impression formation and change. *Psychological Review*, 107, 914-942.

Keesing, R. M. (1981). Theories of culture, In R. W. Casson (Ed.), *Language, culture and cognition: Anthropological perspectives* (pp.42-66), New York: Macmaillan.

Keysar, B., Barr, D. J., Balin, J. A., and Brauner, J. S. (2000). Taking perspective in conversation: The role of mutual knowledge in comprehension. *Psychological Sciences*, 11, 32-38.

Killeen, P. R. (2001). The four causes of behavior. *Current Directions in*

Psychological Science, 10, 136-140.

Kim, Y. -H., Chiu, C.-y., Peng, S., Cai, H., and Tov, W. (2010). Explaining East-West differences in the likelihood of making favorable self-evaluations: The role of evaluation apprehension and directness of expression. *Journal of Cross-Cultural Psychology*, 41, 62-75.

Kim, Y. -H., and Cohen, D(2010). Information, perspective, and Judgments about the self in Face and Dignity cultures. *Personality and Social Psychology Bulletin*, 36, 537, 550.

Kim, Y.-H., Peng, S., and Chiu, C.-y. (2008). Explaining self-esteem differences between Chinese and North Americans: Dialectical self (vs. self-consistency) or lack of positive self-regard. *Self and Identity*, 7, 113-128.

Kim. Y. Y. (1986). Understanding the social context of intergroup communication: A personal network theory. In W. Gudykunst (Ed.), *Intergroup Communication* (pp. 86-95). London: Edward Arnold.

Kim, Y. Y. (1997). Adapting to a new culture. In L, A, Samovar and R. E. Porter (Eds.), *Intercultural Communication: A Leader* (pp. 404-416), Belmont, CA: Wadsworth.

Kitayama, s., Markus, H. R., Matsumoto, H., and Norasakkunkit, V. (1997). Individual and collective processes in the construction of the self: Self-enhancement in the United States and self-criticism in Japan. *Journal of Personality and Social Psychology*, 34, 1245-1267.

Kreuzbauer, R., and Malter, A. J. (2005). Embodied cognition and new product design: Changing product form to influence brand categorization. *Journal of Product Innovation Management*, 22, 165-176.

Kosic, A., Kruglanski, A. W., Pierro, A., and Mannetti, L. (2004). The social cognitions of immigrants' acculturation: Effects of the need for closure and reference group at entry. *Journal of Personality and Social Psychology*, 86, 796-810.

Krugsalnski, A. E., and Webster, D. M. (1996). Motivated closing of the mind: "Seizing" and "freezing." *Psychological Review*, 103, 263-283.

Kudo, E., and Numazaki, M. (2003). Explicit and direct self-serving bias in Japan : Reexamination of self-serving bias for success and failure. *Journal of Cross-Cultural Psychology*, 34, 511-521.

Kuiper, N. A., and MacDonald, M. R (1982). Self and other perception in mild depressives. *Social Cognition*, 1, 233-239.

Kurman, J. (2001). Self-enhancement: Is it restricted to individualistic cultures? *Personality and Social Psychology Bulletin*, 12, 1705- 1716.

Kurman, J. (2003). Why is self-enhancement: Is restricted to individualistic cultures. An investigation of two competing explanations. *Journal of Cross-Cultural Psychology*. 33, 489-510.

Kurman, J., and Sriram, N. (2002). Interrelationships among vertical and horizontal collectivism, modesity, and self-enhanvement. *Journal of Cross-Cultural Psychology*, 33, 71-86.

Kwan, V. S. Y., Bond, M. H., and Singelis, T. M. (1997). Pancultural explanations for life satisfaction: Adding relationship harmony to self-esteem. *Journal of Personality and Social Psychology*, 73, 1038-1051.

Labroo, Aparna A. and Jesper H. Nielsen (2010), Half the thrill is in the chase: Twisted inferences from embodied cognitions and brand evaluation. *Journal of Consumer Research*, 37(1), 143-158.

Laird, J. D. (1974). Self-attribution of emotion: The effects of expressive behavior on the quality of emotional experience. *Journal of Personality and Social Psychology*, 29, 475-486.

Lakoff, G. (1987). Women, fire, and dangerous things: *What categories reveal about the mind*. Chicago, IL: University of Chicago Press.

Lakoff, G., and Johnson, M. (1999). *Philosophy in the Flesh: The Embodied Mind and Its Challenge to Western Thought*. New York, NY: Basic Books.

Lalwani, A. K., Shrum, L. J., and Chiu, C.-y. (2009). Motivated response style: The role of cultural values, regulatory focus, and self-consciousness in socially desirable responding. *Journal of Personality and Social Psychology*, 96, 870-882.

Lange, C. G. (1885). The mechanism of the emotions. In E. Dunlap (Ed.), *The Emotions* (pp. 33-92). Baltimore, MD: Williams and Wilkins.

Larsen, R., Kasimatis, M., and Frey, K. (1992). Facilitating the furrowed brow: An unobtrusive test of the facial feedback hypothesis applied to unpleasant affect. *Cognition and Emotion*, 6, 321-338.

Latane. B. (1996). Dynamic social impact: The creation of culture by communication. *Journal of Communication*, 46, 13-25.

Latane. B., and Bourgeois, M. J. (1996). Experimental evidence for dynamic social impact: The emergence of subculture in electronic group. *Journal of Communication*, 46, 35-47.

Lambert, W. E., Tucker, G. R., and d'Anglejan, A. (1973). Cogintive and attitudinal consequences of bilingual schooling: The St. Lambert project through grade five. *Journal of Educational Psychology*, 65, 141-159.

Lau, I. Y.-M., Chiu, C.-y., and Hong, Y. (2001). I Know what you know: Assumptions about others' knowledge and their effects on message construction. *Social Cognition*, 19, 587-600.

Lee, A., Aaker, J., and Gardner, W. (2000). The pleasures and pains of distinct self-construals: The role of interdependence in regulatory focus. *Journal of Personality and Social Psychology*, 78, 1122-1134.

Lee, Angela Y. and Dongwon Min (2010), Perspective Taking and Embodiment. In *Proceedings of Annual Conference of the Association for Consumer Research*, A. Labroo & A. Y. Lee (Eds.), Jacksonville, Fl.

Lee, H.-O., and Rogan, R. G. (1991). A cross-cultural comparison of organizational conflict management behaviors. *International Journal of Conflict Management*, 2, 181-199.

Lee, S. W. S., and Schwarz, N. (2010a). Dirty hands and dirty mouths: Embodiment of the moral-purity meta-phor is specific to the motor modality involved in moral transgression. *Psychological Science*, 21, 1423-1425.

Lee, S. W. S., and Schwarz, N. (2010b). Washing away postdecisional dissonance. *Science*, 328, 709.

Lehman, D., Chiu, C-y., and Schaller, M. (2004), Culture and psychology. *Annual Review of Psychology*, 55, 689-714.

Levien, J. M., and Moreland, R. L. (2004). Collaborations: The social context of theory development. *Personality and Social Psychology Review*, 8, 164-172.

Leung, A. K.-y., and Chiu, C.-y. (2008). Interactive effects of multicultural experiences and openness to experience on creativity. *Creativity Research Journal*, 20, 376-382.

Leung, A. K.-y., and Chiu, C.-y. (2010). Multicultural experiences, idea receptiveness, and creativity. *Journal of Cross-Cultural Psychology*, 41, 723-741.

Leung, A. K.-y., Chiu, C.-y., Hong, Y. (2003). Bicultural individuals accommodate their interaction strategies to the projected distributions of promotion-and prevention-focused regulatory foci in interaction partner's group, Poster presented at the Annual Meeting of the Society for Personality and Social Psychology(SPSP), Austin, TX.

Leung, A. K.y., Maddux, W. W., Galinsky, A. D., and Chiu, C.-y. (2008). Multicultural experience enhances creativity: The when and how. *American Psychologist*, 63, 169-181.

Li, Q., and Hong, Y. (2001). Intergroup perceptual accuracy predicts real-life inter-group interaction. *Group Processes and Intergroup Relations*, 4, 341-354.

Lyons, A., and Kashima, Y. (2001). The reproduction of culture: Communication processes tend to maintain cultural stereotypes. *Social Cognition*, 19, 372-394.

Lyons, A., and Kashima, Y. (2003). How are stereotypes maintained through communication? The influence of stereotype sharedness. *Personality and Social Psychology Bulletin*, 85, 989-1005.

MacInnis, D. J., and de Mello, G. (2005). The concept of hope and its relevance to product evaluation and choice. *Journal of Marketing*, 69, 1-14.

Maddux, W. W., and Galinsky, A. D. (2009). Cultural borders and mental barriers: The relationship between living abroad and creativity. *Journal of Personality and Social Psychology*, 96, 1047- 1061.

Maehr, M. L., and Yamaguchi, R. (2001). Cultural diversity, student motivation and achievement, In F. Salili and C.-y. Chiu (Eds.), *Student Motivation: The Culture and Context of Learning* (pp. 123-148). New York: Plenum.

Malter, A. J. (1996). An introduction to embodied cognition: Implications for consumer research. *Advances in Consumer Research*, 23, 272-276.

Markman, A. B., and Brendl, C. M. (2005). Constraining theories of embodied cognition. *Psychological Science*, 16, 6-10.

Markus, H., and Kitayama, s. (1991), Culture and the self: Implications for cognition, emotion, and motivation. *Psychological Review*, 98, 224-253.

Maxwell, J. S., and Davidson, R. J. (2007). Emotion as motion. *Psychological Science*, 18, 1113-1119.

McCrae, R. R., and Cost, P. T. (1997). Conceptions and correlates of openness to experience. In R.Hogan, J., Johnson, and S. Briggs (Eds.), *Handbook of personality psychology* (pp. 825-847). San Diego, CA: Academic Press.

Meier, B., and Robinson, M. (2004). Why the sunny side is up. *Psychological Science*, 15, 243-247.

Miller, M. J., Wiley, A. R., Fung, H., and Chung-Hui, L. (1997). Personal storytelling as a medium of socialization in Chinese and American families. *Child Development*, 68, 557-568

Min, Dongwon and Hyunmo Kang (2013), From thinking to action: The moderating effect of perspective taking on embodied cognition, *Asia Marketing Journal*, 15(2), 117-132.

Muramoto, Y. (2003). An indirect self-enhancement in relationship among Japanese. *Journal of Cross-Cultural Psychology*. 34, 552-566.

Muramoto, Y., and Tamaguchi, S. (1997). Another type of self-serving bias: Coexistence of self-effacing and group-serving tendencies in attribution in the Japanese culture. *Japanese Journal of Experimental Social Psychology*, 37, 65-75.

Muramoto, Y., and Tamaguchi, S. (2003). When "self-effacement" disappears: Narratives of personal and group successes depending on an ingroup relationship. *Japanese Journal of Psychology*, 74, 253-262.

Murray, H. (1983). *Explorations in personality*. New York: Oxford University Press.

Nemeth, C., and Kwan, J. (1987). Minority influence, divergent thinking and detection of correct solutions. *Journal of Applied Social Psychology*, 17, 788-799.

Nemeth, C., and Wachter, J. (1983). Creative problem solving as a result of majority vs. minority influence. *European Journal of social psychology*, 13, 45-55.

Nenkov, G. Y., MacInnis, D., Morrin, M., and Reimann, M. (2011). Deconstructing hope: Implications for risky decision making, (Manuscript in Preparation), Chestnut Hill, MA.

Neumann, R., and Strack, F. (2000). Approach and avoidance: The influence of proprioceptive and exteroceptive cues on encoding of affective information. *Journal of Personality and Social Psychology*, 79, 39-48.

Niedenthal, P. M. (2007). Embodying emotion. *Science*, 316, 1002-1005.

Niedenthal, Paula M., Lawrence W. Barsalou, Piotr Winkielman, Silvia Krauth-Gruber, and Francois Ric (2005), Embodiment in attitude, social perception, and emotion, *Personality and Social Psychology Review*, 9(3), 184-211.

Niedenthal, P. M., Winkielman, P., Mondillon, L., and Vermeulen, N. (2009). Embodiment of emotion concepts. *Journal of Personality and Social Psychology*, 96, 1120-1136.

No, S., Hong, Y., Liao, H., Lee., K Wood, D., and Chao, M. M. (2008), Lay theory of race affects and moderates Asian Americans' responses toward American culture. *Journal of Personality and Social Psychology*, 95, 991-1004.

Oishi, S., and Diener, E.(2001). Goals, culture, and subjective well-being. *Personality and Social Psychology Bulletin*, 27, 1674- 1682.

Okoh, N. (1980). Bilingualism and divergent thinking among Nigerian and Welsh school children. *Journal of Social Psychology*, 110, 163-170.

Oyserman, D., Coon, H M., and Kemmelmeire, M. (2002), Rethinking individualism and collectivism: Evaluation of theoretical assumptions and meta-analyses. *Psychological Bulletin*, 128, 3-72.

Peck, J., and Childers, T. L. (2003). To have and to hold: The influence of haptic information on product judgments. *Journal of Marketing*, 67, 35-48.

Peng, K., Nisbett, R, E., and Wong, N. Y. C. (1997), Validity problems comparing values across cultures and possible solutions. *Psychological Methods*, 2, 329-344.

Putnam, L. L., and Wilson, C. E. (1982). Communication strategies in organizational conflicts: Reliability and validity of measurement scale. In M. Burgoon (Eds.), *Communication Yearbook* (Vol. 6, pp. 629-652), Beverly Hills, CA: Sage Publications.

Reimann, M., and Bechara, A. (2010). The somatic marker framework as a neurological theory of decision-making: Review, conceptual comparisons, and future neuroeconomics research. *Journal of Economic Psychology*, 31, 767-776.

Reimann, M., Schilke, O., Weber, B., Neuhaus, C., and Zaichkowsky, J. (2011). Functional magnetic resonance imaging in consumer research: A review and application. *Psychology and Marketing*, 28, 608-637.

Reimann, Martin, Wilko Feye, Alan J. Malter, Joshua M. Ackerman, Raquel Castano, Nitika Garg, Robert Kreuzbauer, Aparna A. Labroo, Angela Y. Lee, Maureen Morrin, Gergana Y. Nenkov, Jesper H. Nielsen, Maria Perez, Gratiana Pol, Jose Antonio Rosa, and Carolyn Yoon (2012), Embodiment in judgment and choice. *Journal of Neuroscience, Psychology, and Economics*, 5(2), 104-123.

Rhodes, M. (1987). An analysis of creativity. In S. G. Isaksen (Ed.), *Frontiers of Creativity Research: Beyond the Basics* (pp. 216-222). Buffalo, NY: Bearly.

Risen, J. L., and Critcher, C. R. (2011). Visceral fit: While in a visceral state, associated states of the world seem more likely. *Journal of Personality and Social Psychology*, 100, 777-793.

Riskind, J. H., and Gotay, C. C. (1982). Physical posture: Could it have regulatory or feedback effects on motivation and emotion? *Motivation and Emotion*, 6, 273-298.

Roccas, S., and Schwartz, S. H. (1993). Effects of intergroup similarity on intergroup relations. *European Journal of Social Psychology*, 23, 581-595.

Rosa, J. A., Garbarino, E. C., and Malter, A. J. (2006). Keeping the body in mind: The influence of body esteem and body boundary aberration on consumer beliefs and purchase intentions. *Journal of Consumer Psychology*, 16, 79-91.

Rosa, J. A., and Malter, A. J. (2003). E-(embodied) knowledge and e-commerce: How physiological factors affect online sales of experiential products. *Journal of Consumer Psychology*, 13, 63-73.

Roseman, I. J., and Smith, C. A. (2001). Appraisal theory: Overview, assumptions, varieties, controversies. In K. R. Scherer, A. Schorr, and T. Johnstone (Eds.), *Appraisal processes in emotion*: Theory, methods, research (pp. 3-19). New York, NY: Oxford University Press.

Rosenblatt, A., Greenberg, J., Solomon, S., and Pyszczynski, T. (1989). Evidence for terror management theory I: The effects of mortality salience on reactions to those who violate or uphold cultural values. *Journal of Personality and Social Psychology*, 57, 681-690.

Rubin, D. C., and Kontis, T. C. (1983). A schema for common cents. *Memory and Cognition*, 11, 335-341.

Rudowicz, E., Lik, D., and Kitto, J. (1983). Use of the Torrance Tests of Creative Thinking in an exploratory study of creativity in HongKong primary school children: A cross-cultural comparison. *International Journal of Psychology*, 30, 417-430.

Sanchez-Burks, J. (2002). Protestant relational ideology and (in)attention to relational cues in work setting. *Journal of Personality and Social Psychology*, 83, 919-929.

Sanchez-Burk, J., Lee, F., Choi, I., Nisbett, R., Zhoa, S., and Jasook, K. (2003). Conversing across culture: East-West communication styles in work and non-work contexts. *Journal of Personality and Social Psychology*, 85, 363-372.

Sanchez-Burks, J., Nisbett, R., and Ybarra, O. (2000). Cultural styles, relational schemas and prejudice against outgroups. *Journal of Personality and Social Psychology*, 79, 174-189.

Sawyer, K. (2006). Explaining creativity: *The Science of Human Motivation*. New York: Oxford University Press.

Scott, W. A. (1965). *Values and Organizations: A Study of Fraternities and Sororities*. Chicago: Rand McNally.

Schnall, S., Haidt, J., Clore, G. L., and Jordan, A. H. (2008). Disgust as embodied moral judgment. *Personality and Social Psychology Bulletin*, 34, 1096-1109.

Schnall, S., and Laird, J. D. (2003). Keep smiling: Enduring effects of facial expressions and postures on emotional experience and memory. *Cognition and Emotion*, 17, 787-798.

Schubert, T. W., and Koole S., L. (2009). The embodied self: Making a fist enhances men's power related self-conceptions. *Journal of Experimental Social Psychology*, 45, 828-834.

Secord, P. F., and Jourard, S. M. (1953). The appraisal of body-cathexis: Body-cathexis and the self. *Journal of Consulting Psychology*, 17, 343-347.

Sedikides, C., Gaertner, L., and Toguchi, Y. (2003). Pancultural self-enhancement. *Journal of Personality and Social Psychology*, 84, 60-79.

Sedikides, C., Gaertner, L., and Vevea, J. L. (2005). Pancultural self-enhancement reloaded. *Journal of Personality and Social Psychology*, 89, 539-551.

Sedikides, C., and Brewer, M. B. (Eds.), (2001), Individual self, relational self, collective self, and collective self: Partner, opponents, or strangers? In C. Sedikides and M. B. Brewer (Eds.), *Individual Self, Relational Self, Collective Self* (pp. 1-4), Ann Arbor, MI: Psychology Press.

Sherman, D. K., Gangi, C., and White, M. L. (2010). Embodied cognition and health persuasion: Facilitating intention-behavior consistency via motor manipulations. *Journal of Experimental Social Psychology*, 46, 461-464.

Shilling, C. and Mellor, P. A. (1998). Durkheim, morality and modernity: Collective effervescence, homo duplex and the sources of moral action. *British Journal of Sociology*, 49, 193-209.

Simonton, D. K. (1975). Sociocultural context of individual creativity: A trans-historical time-series analysis. *Journal of Personality and Social Psychology*, 32, 1119-1133.

Simonton, D. K. (1997). Foreign influence and national achievement: The impact of open milieus on Japanese civilization. *Journal of Personality and Social Psychology*, 72, 86-94.

Simonton, D. K. (2000). Creativity: Cognitive, personal, developmental, and social aspects. *American Psychologist*, 55, 151-158.

Simonton, D. K. (2003). Scientific creativity as constrained stochastic behavior: The integration of product, person, and process perspectives. *Psychological Bulletin*, 129, 475-494.

Smith, C. A., and Ellsworth, P. C. (1985). Patterns of cognitive appraisal in emotion. *Journal of Personality and Social Psychology*, 48, 813-838.

Solomon, S., Greenberg, J., Schimel, J., Arndt, J., and Pyszczynski, T. (2004). Human awareness of mortality and the evolution of culture. In M. Schaller and C. S. Crandall (Eds.), *The Psychological Foundations of Culture* (pp. 15-40). Mahwah, NJ: Lawrence Erlbaum Associates.

Sorokin, M. I. (1969). *Society, Culture, and Personality*. New York: Cooper Square.

Soussignan, R. (2002). Duchenne smile, emotional experience, and autonomic reactivity: A test of the facial feedback hypothesis. *Emotion*, 2, 52-74.

Sperber, D. (1996), *Explaining Culture: A Naturalistic Approach*, Oxford, England: Blackwell.

Spencer-Rodgers, J., Peng, K., Wang, L., and Hou, Y. (2004). Dialectical self-esteem and East-West differences in psychological well-being. *Personality and Social Psychology Bulletin*, 30, 1416-1432.

Spiro, M. E. (1992), Anthropological other or Burmese brother? Studies in cultural analysis, New Brunswick, NJ: Transaction Publishers. Steele, S. M. (1988). The psychology of self-affirmation: Sustaining the integrity of the self. Un L. Berkowitz (Ed.), *Advances in Exerimental Social Psychology*, Vol. 21 (pp.261-302). New York: Academic Press.

Stein, M. I. (1953). Creativity and culture. *Journal of Psychology*, 36, 311-322.

Stepper, S., and Strack, F. (1993). Proprioceptive determinants of emotional and nonemotional feelings. *Journal of Personality and Social Psychology*, 64, 211-220.

Strack, F., Martin, L. L., and Stepper, S. (1988). Inhibiting and facilitating conditions of the human smile: A nonobtrusive test of the facial feedback hypothesis. *Journal of Personality and Social Psychology*, 54, 768-777.

Su, S., Chiu, C-y., Hong, Y., Leung, K., Peng, K., and Morris, M.

(1999), Self-organization and social organization: US and Chinese constructions, In T. R. Tyler, R. M. Kramer, and O. P. John (Eds.), *The Psychology of the Social Self* (pp. 193-222), Mahwah, NJ: Lawrence Erlbaum.

Suh, E. M(2002). Culture, identity consistency, and subjective well-being. *Journal of Personality and Social Psychology*, 83, 1378-1391.

Sui, J., Zhu, Y., and Chiu, C.-y. (2007). Bicultural mind, self-construal, and recognition memory: Cultural priming effects on self- and mother-reference effect. *Journal of Experimental Social Psychology*, 43, 818-824.

Tadmor, C. T., and Tetlock, P. E. (2006). Biculturalism: A model of the effects of second-culture exposure on integrative complexity. *Journal of Cross-Cultural Psychology*, 37, 173-190.

Tajfel, H. (1982). *Social Identity and Intergroup Relations*. Cambridge, UK: Blackwell.

Tajfel, H., and Turner, J. C. (1996). The social identity theory of inter-group behavior. In S. Worchel and L. W. Austin (Eds.), *Psychology of Intergroup Relations*. Chicago: Nelson-Hall.

Takata, T. (2003). Self-enhancement and self-criticism in Japanese culture: An experimental analysis. *Journal of Cross-Cultural Psychology*, 34, 542-551.

Taylor, S. E., and Brown, J. D. (1988). Illusion and well-being: A social psychological perspective on mental health. *Psychological Bulletin*, 103, 193-210.

Taylor, Shelley E. and Sherry K. Schneider (1989), Coping and the simulation of events. *Social Cognition*, 7(2), 174-194.

Thibodeau, P. H., and Boroditsky, L. (2011). Metaphors we think with: The role of metaphor in reasoning. *PloS One*, 6, e16782.

Thomas, L. E., and Lleras, A. (2007). Moving eyes and moving thought: On the spatial compatibility be- tween eye movements and cognition. *Psychonomic Bulletin and Review*, 14, 663-668.

Thurston, L. L. (1952), Creative talent. In L. L. Thurstone (Ed.), *Applications of Psychology*(pp. 18-37). New York: Harper and Row.

Tinbergen, N. (1963). On aims and methods of ethology. *Zeitschrift fuer Tierpsychologie*, 20, 410-433.

Ting-Toomey, S., and Kurogi, A. (1998). Facework competence in intercultural conflict: An updated face-negotiation theory. *International Journal of Intercultural Relations*, 22, 187-226.

Tice, D. M., Baumeister, R. F. (1990). Self-esteem, self-handicapping, and self-presentation: The strategy of inadequate practice. *Journal of Personality*, 58, 443-464.

Ting-Toomey, S., and Kurogi, A. (1998). Facework competence in intercultural conflict: An updated face-negotiation theory. *International Journal of Intercultural Relations*, 22, 187-226.

Tong, Y., Hong, Y., Lee, S., and Chiu, C. (1999). Language as a carrier of social identity. *International Journal of Intercultural Relations*, 23, 281-296.

Tourangeau, R., and Ellsworth, P. C. (1979). The role of facial response in the experience of emotion. *Journal of Personality and Social Psychology*, 37, 1519-1531.

Triandis, H. C. (1994). *Culture and social Behavior*. New York: McGraw-Hill.

Triandis, H. C. (1989), The self and social behavior in differing cultural contexts. *Psychological Review*, 96, 506-520.

Vadino, D. (2006). *Thinking Outside the chocolate box: A conceptual Belgian project challenges the way we view chocolate*. Retrieved December 6, 2006, from http://www.businessweek.com/innovate/content/dec2006/id20061206_931012.htm?campaign_id=rss_daily.

Van Knippenberg, D., and Ellemers, N. (2003). Social identity and group performance: Identification as the key to group-oriented efforts. In S. A. Haslam, D. van Knippernberg, M. J. Platow, and N. Ellemers (Eds.), *Social Identity at Work: Developing Theory for Organizational Practice* (pp. 29-42). New York and Hove, UK: Psychology Press.

Wan, W., and Chiu, C. -y. (2002). Effects of novel conceptual combination on creativity. *Journal of Creative Behavior*, 36, 227-241.

Wan, C., Chiu, C.-y., Tam, K-p., Lee, S.-l., Lau, I. Y.-m., and Peng, S-q. (2007). Perceived cultural importance and actual self-importance of values in cultural identification. *Journal of Personality and Social Psychology*, 92, 337-354.

Ward, T. B. (1994). Structured imagination: The role of conceptual structure in exemplar generation. *Cognitive Psychology*, 27, 1-40.

Ward, T. B. (2001). Creative cognition, conceptual combination, and the creative writing of Stephen R. Donaldson. *American Psychologist*, 56, 350-354.

Ward, T. B., Patterson, M, J., Sifonis, C. M., Dodds, R. A., and Saunders, K. N. (2002). The role of graded category structure in imaginative thought. *Memory and Cognition*, 30, 199-116.

Ward, T. B., Smith, S. M., and Vaid, J. (1997). Conceptual structures and processes in creative thought. In T.B. Ward, S. M. Smith, and J. Vaid (Eds.), *Creative Thought: An Investigation of Conceptual Structures and Processes*. Washington, DC: American Psychological Association Books.

Weber, M. (1947), *Max Weber: The Theory of Social and Economic Organization*(A, M. Henderson and T. Parsons, Trans.), New York: The Free Press.

Weinstein, N. D. (1980). Unrealistic optimism about future life events. *Journal of Personality and Social Psychology*, 39, 806-820 .

Weinstein, N. D. (1987). Unrealistic optimism about susceptibility to health problem: Conclusions from a community-wide sample. *Journal of Behavioral Medicine*, 10, 481-500.

Weisberg, R. W. (1999). Creativity and knowledge: A challenge to theories. In R. J. Sternberg (Ed.), *Handbook of Creativity* (pp. 226- 250). Cambridge, England: Cambridge University Press.

Wells, G. L., and Petty, R. E. (1980). The effects of over head movements on persuasion: Compatibility and incompatibility of responses. *Basic and Applied Social Psychology*, 1, 219-230.

Williams, L. E., Huang, J. Y., and Bargh, J. A. (2009). The scaffolded mind: Higher mental processes are grounded in early experience of the physical world. *European Journal of Social Psychology*, 39, 1257-1267.

Williams, K., O'Reilly, C. (1998). The complexity of diversity: A review of forty tears of research. In B. Staw and R. Sutton (Eds.), *Research in Organizational Behavior, Vol. 21* (pp.77-140). Greenwich, CT: JAI Press.

Wiseman, R. L. (2002). Intercultural communication competence, In W. B. Gudykunst and B. Mody, (Eds.), *International and Intercultural Communication* (2nded.;pp.207-224). Thousand Oaks, CA: Sage.

Wish, M., and Kaplan S. J. (1977). Toward an implicit theory of communication. *Sociometry*, 40, 234-246.

Wong, R. Y.-M., and Hong, Y.-y. (2005). Dynamic influences of culture on cooperation in the Prisoner's Dilemma. *Psychological Science*, 16, 429-434.

Yokota, K., and Yuki, M. (2007, February). Different facets of perceived entitativity lead to different types of intergroup threats and emotions. Paper presented at the 8th Annual meeting of Society of Personality and Social Psychology, Memphis, TN.

Yoshida, T., Kojo, K., and Kaku, H. (1982). A study on the development of self-presentation in children. *Japanese Journal of Educational Psychology*, 30, 120-127.

Zhong, C.-B., and Leonardelli, G. J. (2008). Cold and lonely: Does social exclusion literally feel cold. *Psychological Science*, 19, 838-842.

Zhong, C.-B., and Liljenquist, K. (2006). Washing away your sins: Threatened morality and physical cleansing. *Science*, 313, 1451-1452.

Zou, X., Tam, K. P., Morris, M. W., Lee, S.-l., Lau, I. Y.-m., and Chiu, C.-y. (2009). Culture as common sense: Perceived consensus versus personal beliefs as mechanisms of cultural influence. *Journal of Personality and Social Psychology*, 97, 579-597.

Zukerman, M. (1979). Attribution of success and failure revisited, or: The motivational bias is alive and well in attribution theory. *Journal of Personality*, 47, 245-287.

아 | 산 | 재 | 단 | 연 | 구 | 총 | 서

1 전환기의 중국경제
김윤환 외 | 단국대 경제학과

2 폴란드 경제의 변천 개혁과 그 전망
김광수 | 숭실대 경제학과

3 재소한인
이광규 외 | 서울대 인류학과

4 소련산림과 임업
홍성천 외 | 경북대 임학과

5 아세안의 정치경제
김국진 외 | 외교안보연구원

6 태국의 사회변동과 경제발전
최석만 외 | 전남대 사회학과

7 중국의 사회경제 통계분석
신한풍 외 | 고려대 통계학과

8 중국의 정치와 경제
박두복 외 | 외교안보연구원

9 동유럽의 개혁과 시장경제의 도입
허만 외 | 부산대 사범대학

10 동유럽의 개혁운동
박영신 | 연세대 사회학과

11 현대 러시아 연구
기연수 외 | 한국외대 노어과

12 전략적 선택과 기업의 국제경쟁력
이장호 | 서강대 경영대학

13 협동사회의 정착과 정부의 역할
이종범 외 | 고려대 행정학과

14 한국 제조기업 생산성의 동적 분석
노부호 외 | 중앙대 경영대학

15 분배의 정의
변형윤 외 | 서울대 경제학과

16 도덕적 행동의 강화
이훈구 외 | 연세대 심리학과

17 관료부패와 통제
김해동 외 | 서울대 행정대학원

18 한국경제의 내실 있는 성장
정창영 외 | 연세대 경제학과

19 한국국민정신운동의 역사와 발전방향
박수명 외 | 부산대 사범대학

20 한국대학생의 가치성향과 상담효과
이영희 외 | 숙명여대 교육학과

21 가출청소년과 학교관리체제
안창규 외 | 부산대 교육학과

22 동북아 정세변화와 한·일관계
한승조 외 | 고려대 정치외교학과

23 언론과 부정부패
정대철 외 | 한양대 신문방송학과

24 한국의 고등학교 교육
이원호 외 | 부산대 교육학과

25 가족과 방송
김학수 외 | 서강대 신문방송학과

26 재정개혁의 전망과 재산세제의 개편과제
오연천 | 서울대 행정대학원

27 청소년을 위한 전자게임 프로그램의 규제 및 평가체계 개발
박혜원 외 | 울산대 가정관리학과

28 정신장애자 가족의 사회심리적 특성
이근후 외 | 이화여대 의과대학

29 가족의 관계역동성과 문제인식
이광규 외 | 서울대 인류학과

30 현대인과 한국전통음식
승정자 | 숙명여대 식품영양학과

31 기업의 초고속정보통신망활용
안중호 | 서울대 경영학과

32 지역발전을 위한 교육자치제의 개선방안
김남순 | 조선대 사범대학

33 전환기의 공무원 가치관
조경호 | 울산대 행정학과

34 지방자치와 사회복지의 과제
김영모 | 중앙대 사회복지학과

35 WTO체제하의 지방중소기업 지원정책
최명주 외 | 계명대 통상학부

36 현대한국의 시민운동
이효선 | 중앙대 사회학과

37 기업 세계화의 단계 및 정도의 측정
허영도 외 | 울산대 경영학과

38 가족복지를 위한 가족주치의 시범사업의 효과
이혜리 외 | 연세대 가정의학교실

39 한국대학생의 삶의 만족도
김재은 외 | 이화여대 교육심리학과

40 지역경제와 지역산업구조의 개편방향
정기화 외 | 전남대 경제학부

41 중국기업의 소유형태별 경영특성
노철화 외 | 부산대 무역학과

42 남북한의 인성·사상교육
한승조 외 | 고려대 정치외교학과

43 연계적 뇌기능 조언을 위한 의료용 멀티미디어 시스템의 설계
유선국 | 연세대 의용공학교실

44 다민족국가의 민족문제와 한인사회
최협 외 | 전남대 인류학과

45 저소득층지역 청소년 여가문화와 소집단 활성화
박문수 외 | 서강대 사회학과

46 삶의 질의 국제비교와 지역간 비교분석
이재기 외 | 울산대 경제학과

47 21세기 지역주민의 삶의 질
양종회 외 | 성균관대 사회학과

48 삶의 질에 대한 국가간 비교
조명한 외 | 서울대 심리학과

49 외국인 노동자의 노사관계와 사회적 적응
석현호 외 | 성균관대 사회학과

50 한국의 사법제도와 발전 모델
정종섭 | 건국대 법학과

51 고령화사회와 중상층 노인의 사회활동
조성남 외 | 이화여대 사회학과

52 한국의 서비스 시장 개방정책
한홍렬 | 한양대 경제학부

53 한국과 AFTA간의 교역증진 및 경제 협력방안
손일태 외 | 경희대 경제통상학부항

54 물류비 절감을 위한 무역업체의 정보화전략
이영수 외 | 경북대 경제통상학부

55 사회주의 체제전환과 사회정책
오정수 외 | 충남대 사회복지학과

56 남북통일 이후 농업생산체계 개편
홍성규 외 | 건국대 농업경제학과

57 국제화와 세계화
하영선 외 | 서울대 외교학과

58 IMF 개혁정책의 평가와 한국경제의 신(新) 패러다임
조동근 | 명지대 경제학과

59 구조개혁과 실업대책
박동운 | 단국대 경제무역학부

60 21세기 신노사관계
심윤종 외 | 성균관대 사회학과

61 학교에서의 집단 따돌림
이춘재 외 | 가톨릭대 심리학과

62 한국노인의 정신건강실태와 건강증진
조맹제 외 | 서울대 의과대학

63 혁명과 개혁 속의 중국 농민
김광억 | 서울대 인류학과

64 중국의 경제환경과 한국기업의 진출 전략
지용희 외 | 서강대 경영학과

65 김대중 대통령의 시스템 사고
김동환 | 중앙대 공공정책학부

66 실업과 가족해체
최일섭 외 | 서울대 사회복지학과

67 합리적 부채비율 조정방안
오상근 | 동아대 경제학과

68 한국 중산층의 생활문화
문숙재 외 | 이화여대 소비자 · 인간발달학과

69 계층간 갈등상태에서 최적소득세
김진욱 | 건국대 경상학부

70 글로벌 경쟁력 제고를 위한 기업전략과 조직구축
이만우 외 | 고려대 경영학과

71 의료보험과 국민연금의 관리효율화를 위한 통합방안
사공진 외 | 한양대 경제학부

72 정부개혁의 과제와 전략
박우서 외 | 연세대 행정학과

73 책임운영기관 제도에 관한 비교분석
김근세 | 가톨릭대 행정학과

74 새로운 패러다임하에서의 한국기업의 바람직한 지배구조
최운열 외 | 서강대 경영학과

75 현대 한국사회의 계층구조
양춘 외 | 고려대 사회학과

76 한국의 산업정책과 산업구조조정
강인수 | 숙명여대 경제학부

77 기업구조조정
김석진 | 경북대 경영학부

78 지식경영을 위한 인적자원 개발 및 관리체계
장영철 | 경희대 경영학부

79 뉴 비즈니스 모델
전성현 | 국민대 정보관리학부

80 중산층의 정체성과 소비문화
함인희 외 | 이화여대 사회학과

81 외국관광객 유치를 위한 마케팅 전략
박상규 | 강원대 경영학과

82 한국인의 세대별 문학의식
이동순 | 영남대 국문과

83 공공부문의 효율성 평가와 측정
김재홍 외 | 울산대 사회과학부

84 한국 청소년의 정치의식과 형성요인
김광웅 외 | 숙명여대 아동복지학과

85 한국 대학생의 정치의식
배한동 | 경북대 윤리교육과

86 산업의 정보화와 산업발전
이기동 | 계명대 통상학부

87 한국 제조업의 고용조정 분석
이종원 외 | 성균관대 경제학부

88 지식자산에 대한 경영전략적 평가모형 개발
배재학 외 | 울산대 컴퓨터 · 정보통신공학부

89 관광사업을 위한 한국적 이미지의 휴식복 개발
채금석 | 숙명여대 의류학과

90 한국 정치제도의 개혁
신정현 | 경희대 사회과학부

91 e비즈니스와 아웃소싱 전략
정승화 외 | 연세대 경영학과

92 집단 따돌림의 진단 및 치료방안
홍준표 | 중앙대 인간생활환경학과

93 16대 총선과 낙선운동
조기숙 | 이화여대 국제대학원

94 부동층 유권자 행태 분석
진영재 | 연세대 정치외교학과

95 사이버 공동체의 성공요인
이재관 | 숭실대 경영학부

96 온라인 소비자 행동의 이론과 실증
윤성준 | 경기대 경영학부

97 글로벌 시대 정약용 세계관의 가능성과 한계
차성환 | 한일장신대 역사사회학과

98 러시아의 체제전환 과정에서 나타난 국가의 역할과 그 전망
이상민 외 | 부산대 정치외교학과

99 남북한의 경제발전 수준과 산업구조 비교, 그리고 경제교류 협력방향
주성환 | 건국대 경제학과

100 집단따돌림과 교육해체
한준상 | 연세대 교육학과

101 공적연금제도의 효율성과 개선방안
유금록 | 군산대 행정복지학부

102 벤처기업-대기업의 성공적인 협력 모델
나중덕 | 경산대 경영학과

103 북한의 재외동포정책
조정남 외 | 고려대 정치외교학과

104 사이버 공동체 형성의 역동적 모형
장용호 | 서강대 신문방송학과

105 기업이론과 기업의 소유지배구조
김일태 외 | 전남대 경제학부

106 가축분뇨 자원화를 위한 공동이용조직에 대한 농가선호도 분석
유덕기 | 동국대 생명자원경제학과

107 개혁정책과 전문가 집단
이경원 외 | 제주대 행정학과

108 현대 한국사회의 이중가치체계
신수진 외 | 이화여대 가정관리학과

109 한국의 산업구조 변화와 기업집단 다각화 전략
김용학 외 | 연세대 사회학과

110 지식정보사회의 경제적 모형 설정 및 사례 연구
김범환 | 배제대 경영정보학부

111 변호사징계제도
오종근 | 한림대 법학부

112 인터넷 특허법
김순석 | 광주대 법학과

113 e-비즈니스 시대의 금융 및 재정정책의 새로운 패러다임
이종욱 | 서울여대 경제학과

114 청소년의 하위문화와 정체성
조성남 | 이화여대 사회학과

115 디지털금융시대의 금융구조변화와 정부규제 및 정책
이충열 | 고려대 경제학부

116 지식경영을 위한 기업의 조직설계방안
김경수 외 | 전남대 경영학과

117 전자금융의 발달과 경제정책의 새로운 패러다임
이명훈 | 명지대 경제학과

118 동아시아의 안보와 유엔체제
강성학 편저 | 고려대 정치외교학과

119 유료 치매노인 그룹홈의 개발과 관련 정책
최정신 외 | 가톨릭대 소비자 · 주거학과

120 소비자 지향적 문화산업 정책
홍영준 | 호남대 광고홍보학과

121 국제 · 국가 · 지방 환경규제의 연계
정준금 외 | 울산대 행정학과

122 현행 회사 합병 · 분할제도의 평가와 개선방안
옥무석 외 | 이화여대 법학과

123 배려지향적 도덕성과 정의지향적 도덕성
정옥분 외 | 고려대 사범대학

124 기업구조조정에 대한 채권금융기관 및 금융감독기관의 역할과 책임
이중기 | 한림대 법학과

125 실업대책으로서 한국의 법정기준근로 시간 단축
박영범 | 한성대 경제학과

126 프랑스어의 비분리성 소유개념 표현
노윤채 | 연세대 언어정보연구원

127 지방채의 효율적 관리방안
강태구 | 호원대 법행정학부

128 21세기 산업구조 변화와 과학기술정책
임채성 외 | 그리스도신학대 경영정보학부

129 인터넷 쇼핑몰 이용자의 불평행동
예종석 | 한양대 경영학부

130 한국기업의 성과급제도 현황, 효과 및 개선방안
김성수 | 서울대 경영학과

131 전자상거래와 소비자보호
서민교 외 | 경일대 인터넷국제통상학과

132 평생학습 사회에서의 인적자원개발을 위한 사회적 파트너십 구축
김영화 | 홍익대 교육학과

133 한국 공교육의 새로운 구상과 전략
권대봉 외 | 고려대 교육학과

134 한국의 정부개혁
김태룡 | 상지대 행정학과

135 지방정부 생산성 측정의 이론과 실제
이은국 외 | 연세대 행정학과

136 불가 시문학론
배규범 | 경희대 학술연구 교수

137 남북경제교류의 법적 문제
제성호 | 중앙대 법학과

138 경제위기와 청소년 발달
구인회 | 서울대 사회복지학과

139 생명과학기술의 응용과 기본권보호적 한계
정상기 외 | 한남대 법학과

140 경제발전과 정치환경의 한·일 비교분석
정갑영 외 | 연세대 동서문제연구원

141 한국 공교육의 진단
윤정일 외 | 서울대 교육학과

142 우리나라 지방자치 발전을 위한 자치단체장의 역할
정성호 외 | 경기대 사회과학부

143 의료보험제도의 개혁방안
권순원 | 덕성여대 경제학과

144 중등 도덕교육의 현실과 문제
손동현 외 | 성균관대 철학과

145 사이버공동체 발전론
이명식 | 상명대 경영학과

146 남북경협 확대에 대비한 북한 담보제도의 정비방안
박훤일 | 경희대 법과대학

147 한국 공무원 인사제도 개혁
김판석 | 연세대 행정학과

148 교사화법 교육
임칠성 외 | 전남대 국어교육과

149 세계화의 문화정치학
임혁백 외 | 고려대 정치외교학과

150 효과적인 e-SCM을 위한 의사결정 조정 시스템 모형
이원준 | 성균관대 경영학부

151 환경거버넌스
김종순 외 | 건국대 행정학과

152 자동차산업의 인적자원관리
이덕로 | 서원대 경영학부

153 한국과 영국 간 지식기반산업 비교
이명호 | 한국외대 경영학과

154 한국 벤처기업의 기술네트워킹 및 기술마케팅 전략
장영일 | 인제대 경영학부

155 회사변호사의 윤리
오승종 | 성균관대 법과대학

156 미디어교육론
이정춘 | 중앙대 신문방송학과

157 조선시대 서원과 양반
윤희면 | 전남대 역사교육과

158 환경문제와 철학
박찬국 | 서울대 철학과

159 노인보건복지 이론과 실제
김명 외 | 이화여대 보건교육학과

160 북한의 법체계
권재열 외 | 숭실대 법학과

161 생명공학기술의 안전성 확보에 관한 법적 고찰
이재협 | 경희대 법학부

162 청소년복지학
김성이 외 | 이화여대 사회복지학과

163 변화하는 세계, 변화하는 복지국가
조영훈 | 동의대 사회복지학과

164 의리의 윤리와 한국의 유교문화
김낙진 | 진주교대 도덕교육과

165 미국의 통상정책과 통상법
윤충원 | 전북대 무역학과

166 사회복지 프로그램 평가
김학주 | 경상대 사회복지학과

167 환경주의와 지속가능한 발전
정대연 | 제주대 사회학과

168 무역과 환경
김기홍 외 | 경기대 경제학부

169 산업계 유해폐기물의 위험과 관리
김금수 | 호서대 경상학부

170 백범 김구의 지적 계발과정 탐색
문용린 | 서울대 교육학과

171 태평양전쟁 발발 이후 일제의 인적 지배와 그리스도교계의 대응
윤선자 | 전남대 사학과

172 거버넌스 상황에서 갈등관리를 위한 대체적 분쟁해결제도
서순복 | 광주대 법정학부

173 시장경제의 유형과 민주주의
최배근 | 건국대 경상학부

174 일본고전소설 총론
김현정 | 국립한국전통문화학교

175 국어 교육을 위한 국어 문법론
이관규 | 홍익대 국어교육과

176 율곡의 군주론
전세영 | 부산교대 윤리교육과

177 동북아시아 환경협력
정서용 | 명지대 법학과

178 기후변화협약과 기후정책
신의순 외 | 연세대 경제학과

179 인터넷과 국제 학술정보 네트워크-하이퍼링크 분석
박한우 | 영남대 언론정보학과

180 국내 기업복지의 활성화 방안
최수찬 | 연세대 사회복지대학원

181 세계화와 인간안보
김우상 외 | 연세대 정치외교학과

182 세계문화유산 종묘 이야기
지두환 | 국민대 국사학과

183 한국 평생교육의 사회철학적 과제
곽삼근 | 이화여대 교육학과

184 강점모델
정순둘 | 이화여대 사회복지학과

185 글로벌시대의 계약법
박영복 | 한국외대 법과대학

186 배심제와 시민의 사법참여
안경환 | 서울대 법학과

187 동북아공동체
김재한 | 한림대 정치외교학과

188 정치 참여와 탈물질주의
김욱 | 배재대 정치외교학과

189 퍼지전문가회로망을 이용한 금융기관의 사이버 기업여신결정 지원시스템의 개발
권혁대 | 목원대 경영학과

190 환경정책과 환경법
송인성 | 전남대 지역개발학과

191 포스트모던 시대의 평생교육학
한숭희 | 서울대 교육학과

192 현대 한국인의 세대경험과 문화
박길성 외 | 고려대 사회학과

193 서구의 근로연계복지
김종일 | 건국대 사회복지학과

194 사회복지운동론
현외성 | 경남대 사회복지학과

195 외국의 역모기지 사례
유선종 | 건국대 부동산학과

196 옛이야기와 어린이문학
이지호 | 진주교대 국어교육학과

197 노인사회복지관광의 정책과제와 방안
김창수 | 경기대 관광학부

198 복지서비스의 민간위탁 시스템 분석
김순양 | 영남대 행정학부

199 새로운 빈곤층의 대두와 정부의 정책과제
김진욱 | 건국대 경제학과

200 문화행정론
김정수 | 한양대 행정학과

201 스칸디나비아 노인용 코하우징의 계획과 적용
최정신 외 | 가톨릭대 생활과학부

202 북한의 자연생태계
공우석 | 경희대 지리학과

203 통계로 이해하는 러시아
전홍찬 | 부산대 정치외교학과

204 사회복지법인의 경영과 회계
이동규 | 충남대 회계학과

205 의약분업 정책과정
차흥봉 | 한림대 사회복지학과

206 지역공동체와 평생교육
오혁진 | 동의대 평생교육학부

207 아동보호서비스의 실제
한미현 | 백석대 사회복지학부

208 그린마케팅
박재기 | 충남대 경영학부

209 아동권리와 아동복지
이혜원 | 성공회대 사회복지학과

210 국제 이주와 인도인 디아스포라
김경학 | 전남대 인류학과

211 질병과 의료의 사회학
조병희 | 서울대 보건대학원

212 북한이탈주민의 사회통합을 위한 지역복지실천의 모색
이기영 | 부산대 사회복지학과

213 치매노인케어론
조유향 | 초당대 간호학과

214 노인상담입문
서혜경 외 | 한림대 대학원 사회복지학과

215 '통일 이후 통일과정'으로서의 독일 통일영화
이준서 | 이화여대 독어독문학과

216 중국의 사회보장
오정수 | 충남대 사회복지학과

217 환경자원의 경제적 가치와 환경오염의 사회적 비용
김재홍 | 울산대 사회과학부

218 사회복지프로그램의 경제적 평가방법
박창제 외 | 상주대 사회복지학과

219 자유의지와 결정론
안건훈 | 강원대 철학과

220 심리학자들이 쓴 행복한 결혼의 심리학
채규만 외 | 성신여대 심리학과

221 현대 해석학 강의
양해림 | 충남대 철학과

222 한국인의 주거 빈곤과 공공주택
하성규 | 중앙대 도시 및 지역계획학과

223 IMF 경제위기와 한국 출산력의 변화
김두섭 | 한양대 사회학과

224 동아시아의 영토분쟁과 국제법
이석우 | 인하대 법학부

225 독일 복지국가와 사회복지서비스
정재훈 | 서울여대 사회사업학과

226 사회복지사를 위한 실용 비모수통계
엄명용 | 성균관대 사회복지학과

227 피해자학 연구
이윤호 | 동국대 경찰행정학과

228 광고언어창작론
박영준 외 | 부경대 국어국문학과

229 환경규제 패러다임의 전환
한철 | 한남대 법학과

230 고령사회의 노동환경변화와 고용시스템의 문제점 및 법적 대응
고준기 | 국립군산대 법학과

231 세계화와 소득불평등
이성균 외 | 울산대 사회과학부

232 유비쿼터스 사회의 이해
안중호 외 | 서울대 경영학과

233 국제환경책임법론
박병도 | 건국대 법학과

234 한국의 선거와 민주주의
윤종빈 | 명지대 정치외교학과

235 한국 시민운동의 구조와 동학
조대엽 외 | 고려대 사회학과

236 또래관계
송영혜 | 대구대 재활심리학과

237 해외 한국기업과 현지인 노동자
석현호 외 | 에스콰이아학술문화재단

238 독일 국가복지에서 민간복지단체의 역할과 의미
차성환 외 | 한일장신대 사회복지학부

239 청정공학
조정호 | 동양대 생명화학공학과

240 한국전통연희론
심상교 | 부산교육대 국어교육학과

241 정신장애와 가족
서미경 | 경상대 사회복지학부

242 빈곤통계의 작성과 활용
김주환 | 동국대 정보통계학과

243 인터넷과 한국정치
강원택 | 숭실대 정치외교학과

244 북한의 시장경제이행
정영화 외 | 서경대 법학과

245 시스템사고로 본 지속가능한 도시
문태훈 | 중앙대 도시및지역계획학과

246 실버산업과 유비쿼터스 컴퓨팅
고일상 | 전남대 경영학부

247 재활상담과 사례관리
나운환 | 대구대 직업재활학과

248 영유아교육기관에서의 장애 이해 교육
유수옥 | 우석대 유아특수교육과

249 장애의 사회적 의미와 사회통합
박수경 | 대진대 사회복지학과

250 경제분석의 수리적 기초
조인성 | 공주대 경제통상학부

251 비영리부문의 비교연구
김승현 | 서울산업대 행정학과

252 고등교육경제학
반상진 | 전북대 교육학과

253 과학윤리교육의 이론과 방법
조희형 | 강원대 과학교육학부

254 결혼이민자가족의 이해
김오남 | 대불대 사회복지학과

255 동아시아 국가의 공공부조
신동면 | 경희대 사회과학부

256 특수아동 진단 및 평가
이나미 | 대불대 특수교육과

257 계약형 사회복지와 권리옹호시스템
이명현 | 경북대 상주캠퍼스 사회복지학과

258 실내공기질 및 위해성 관리
양원호 | 대구가톨릭대 산업보건학과

259 충남 방언 문법
한영목 | 충남대 국어국문학과

260 교육권론
노기호 | 군산대 법학과

261 도시경관계획론
임승빈 | 서울대 조경 · 지역시스템공학부

262 교통의 새로운 패러다임
김형철 | 경원대 도시계획 · 조경학부

263 노인의 삶의 질 향상을 위한 주거환경디자인
천진희 | 상명대 디자인대학 실내디자인전공

264 사회복지와 문화
박병현 | 부산대 사회복지학과

265 장애인복지의 이론과 실제
이선우 | 인제대 사회복지학과

266 창의성 개발을 위한 디자인교육 콘텐츠
김선영 | 인천가톨릭대 조형예술대학 환경디자인학과

267 구성주의 사회복지 실천 기술론
고미영 | 서울신학대 사회복지학과

268 장애아교육학
김기흥 | 부산교육대 유아교육과

269 지역사회복지와 자원부문
한상진 외 | 울산대 사회학과

270 환경관리회계
육근효 | 부산외국어대 회계학부

271 인권 관점에서 보는 장애인복지
유동철 | 동의대 사회복지학과

272 정신증상
송지영 | 경희대 의과대학병원 신경정신과

273 사이버공간의 사회심리학
이성식 외 | 숭실대 정보사회학과

274 노인에 대한 사회적 돌봄과 돌봄 서비스의 질 보장
최희경 | 신라대 가족노인복지학과

275 아동 심리치료의 실제
신현균 | 전남대 심리학과

276 사회복지와 위험관리
노충래 | 이화여대 사회복지전문대학원

277 국제 탄소시장의 이해
양승룡 | 고려대 식품자원경제학과

278 타자의 초상
신문수 | 서울대 영어교육과

279 한국정치와 환경정치
나정원 | 강원대 정치외교학과

280 북한이주민
윤인진 | 고려대 사회학과

281 음주의 사회경제적 비용
정우진 외 | 연세대 보건대학원

282 지방정치와 동북아 도시거버넌스
박재욱 | 신라대 행정학과

283 노숙인 복지론
남기철 | 동덕여대 사회복지학과

284 유럽통합과정과 지역협력
이규영 | 서강대 국제대학원

285 사회복지재정 연구
지은구 | 계명대 사회과학대학 사회복지학과

286 지역사회 교육개혁을 위한 시민사회 조직의 참여
김영화 | 홍익대 교육학과

287 복지사회를 대비한 국민연금의 구조개혁
박영석 외 | 서강대 경영학부

288 한미 FTA 지재권 협상에 따른 의약품 분야 사회후생 변화
오근엽 | 충남대 무역학과

289 산업입지, 환경 그리고 지역경제
이기동 외 | 계명대 국제통상학과

290 감성지능 개발을 통한 삶의 질 향상
김경수 외 | 전남대 경영학부

291 교육복지론
이용교 외 | 광주대 사회복지학부

292 인간과 행복에 대한 철학적 성찰
박찬국 | 서울대 철학과

293 유럽연합의 사회동합 사례와 교훈
이무성 | 명지대 정치외교학과

294 민영화와 사회후생
이상호 | 전남대 경제학부

295 북한의 교육학 체계 연구
최영표 외 | 동신대 교육대학원

296 한국 지속가능발전의 구조와 변동
정대연 | 제주대 사회학과

297 우리나라의 공익 연계 마케팅에 관한 연구
임승희 | 전주대 경영학부

298 시각장애인복지론
김영일 | 조선대 특수교육과

299 그린에너지와 환경촉매
정석진 | 경희대 화학공학과

300 취약학교 초등학생을 위한 온라인 보건 교육 프로그램
박경옥 | 이화여대 보건관리학과

301 신탁제도를 통한 고령자의 보호와 지원
최수정 | 서강대 법학전문대학원

302 사회적 약자계층에 대한 실태분석 및 정책방안
이은우 외 | 울산대 경제학과

303 한류 문화와 동북아 공동체
최혜실 | 경희대 국어국문학과

304 노동유연화와 해고보호법
권혁 | 부산대 법학전문대학원

305 사회복지 위험관리의 이해
박미은 | 한남대 사회복지학과

306 의료기관의 회계와 세무
노준화 | 충남대 경영학부

307 여성인적자원의 전문성 확보를 위한 경력개발
백지연 | 이화여대 국제사무학과

308 정신병리
강선경 | 서강대 신학대학원

309 바다의 반란 적조
윤양호 | 전남대 해양기술학부

310 한국 장애인 복지 발달사
이성규 | 서울시립대 사회복지학과

311 서양예술 속의 동양 탐색
진상범 | 전북대 독어독문학과

312 한국인의 도덕성 발달 진단
문용린 | 서울대 교육학과

313 영국정치와 국가복지
고세훈 | 고려대 공공행정학부

314 인간학적 사유를 여는 중도·중복장애 교육학
이숙정 | 단국대 특수교육과

315 개별화 교육과정
이소현 | 이화여대 특수교육과

316 인간의 긍정적 성품
권석만 | 서울대 심리학과

317 지방자치와 지역여성의 선방
이혜숙 | 경상대 사회학과

318 한국 현대 노년소설 연구
전흥남 | 한려대 교양학부

319 정보격차 해소를 위한 창의적 정보교육 프로그램
이영준 외 | 한국교원대 컴퓨터교육과

320 한국 가족과 젠더
손승영 | 동덕여대 교양학부

321 한국의 복지혼합
김진욱 | 서강대 신학대학원

322 사회자본과 자원봉사
김태룡 외 | 상지대 행정학과

323 농촌교육복지연구
박삼철 | 단국대 교양학부

324 사회정체성 평가 차원에 대한 국제비교조사
이명진 | 고려대 사회학과

325 캐나다 복지국가 연구
조영훈 | 동의대 사회복지학과

326 한국의 소수자운동과 인권정책
전영평 외 | 서울대 행정대학원

327 한국과 미국의 보육서비스 전달체계와 품질 비교분석
김근세 외 | 성균관대 국정관리대학원

328 한국사회의 소득불평등과 국민 의료이용
이용재 | 호서대 사회복지학과

329 정보시대의 인간안보
조화순 | 연세대 정치외교학과

330 가족의 사회경제적 특성과 아동발달
김광혁 | 전주대 사회복지학과

331 초·중·고등학생의 학업소진 진행과정 및 경로분석
이상민 | 고려대 교육학과

332 다문화사회의 사법통역
이지은 | 이화여대 통역번역대학원

333 동아시아 지역주의
유현석 | 경희대 정치외교학과

334 환경친화적 공공시설관리와 지역공동체의 삶의 질
이소영 | 중앙대 실내디자인·주거환경학과

335 의료보험의 법정책
김나경 | 성신여대 법과대학

336 양극화 시대 가족해체와 청소년의 적응에 관한 한국과 미국의 비교 연구
오승환 외 | 울산대 사회복지학과

337 기업의 사회적 책임과 지역경제사회발전 연구
허영도 외 | 울산대 경영학부

338 노인의 삶의 질 향상을 위한 온라인 소셜 네트워크 구축 방안
김진우 | 연세대 경영학과

339 청소년 생활역량
윤명희 외 | 동의대 평생교육학과

340 외국인 배우자의 다양성과 국제결혼의 안정성
김두섭 | 한양대 사회학과

341 정보인권의 규범구체화
이민영 | 가톨릭대 법학과

342 한국 사회복지실천의 고유성
최성재 외 | 서울대 사회복지학과

343 스웨덴의 환경책임 실천모형
최희경 | 경북대 행정학부

344 자율운동과 주거공동체
윤수종 | 전남대 사회학과

345 한국인의 공공봉사동기
김상묵 | 서울과학기술대 행정학과

346 한국 이혼가정 아동의 성장
김혜숙 | 경인교육대 교육학과

347 동양 사상과 노인 복지
홍승표 외 | 계명대 사회학과

348 노동과 사회보장의 연계
오문완 | 울산대 법학과

349 학습장애 위험군 아동의 조기선별을 위한 읽기검사 표준화 연구
김애화 외 | 단국대 특수교육학과

350 신·재생에너지에 기초한 녹색성장과 사회통합
김인호 | 이화여대 법학전문대학원

351 문화교류역량과 다문화 경영이 기업 경영성과에 미치는 영향
임병학 외 | 부산외대 경영학부

352 빈곤영유아의 발달과 적응
정익중 외 | 이화여대 사회복지학과

353 민사법질서와 인권
양천수 | 영남대 법학전문대학원

354 성년후견제도와 사회복지제도의 연계
신권철 | 서울시립대 법학전문대학원

355 한국 다문화사회의 이방인
김순양 | 영남대 행정학과

356 현대 시민사회와 소비자계약법
이병준 | 한국외대 법학전문대학원

357 개인의 사회적 정보보호를 위한 공공 정보서비스 개선 연구
장항배 | 상명대 경영학과

358 여성교육투자에 대한 교육경제학적 탐색
백일우 외 | 연세대 교육학부

359 사회적 기업과 지속가능한 지역발전
임업 외 | 연세대 도시공학과

360 다문화가정 구성원에 대한 투트랙 한국어 교육방안 연구
박시균 | 군산대 국어국문학과

361 아시아의 빈곤과 한국기업의 역할
한인수 | 충남대 경영학부

362 유치원·초등학교 연계 환경교육
박희숙 | 공주대 유아교육학과

363 비정규 고용과 사회정책
구인회 외 | 서울대 사회복지학과

364 사생활의 자유에 관한 비교법적 연구
이창현 | 서강대 법학전문대학원

365 다중융합 환경 기반의 미디어스킨을 활용한 문화콘텐츠 디자인 적용방안에 관한 연구
오문석 외 | 광운대 미디어영상학부

366 북한이탈주민 여성의 성인식 관련 기초조사
한인영 외 | 이화여대 사회복지학과

367 노인주택 파노라마
유선종 | 건국대 부동산학과

368 시설보호 청년의 적응
정선욱 | 덕성여대 사회복지학과

369 다수 집단과 소수 집단의 심리
김혜숙 | 아주대 심리학과

370 바이오 휴머니티
권택영 | 경희대 영어학부

371 프랑스 다문화교육의 이해
이경수 | 상명대 불어교육과

372 한·중 서비스산업의 비교분석과 교역 확대 방안
김상호 | 리츠메이칸 아시아태평양대 국제경영학부

373 현대의학에 있어서 생명의 시간과 인간의 존엄
김학태 | 한국외대 법학전문대학원

374 0~3세 영유아의 영상물 과몰입 실태조사 및 정신건강증진 프로그램 개발과 적용
이경숙 | 한신대 재활학과

375 복지국가의 조세와 정치
양재진 외 | 연세대 행정학과

376 청소년기 자살행위 실태와 관련 요인
박선희 | 경희대 간호과학대학

377 기술혁신에 따른 지역 간 정보격차
최정혜 외 | 연세대 경영대학

378 한국 사회의 이중구조와 생애주기적 불평등
안상훈 편 | 서울대 사회복지학과

379 소비자의 친환경행동에 영향을 미치는 사회적·경제적 가치에 대한 고찰
송재기 | 텍사스테크대 경영학과

380 어머니 양육행동 관련 변인들과 유아 사회정서행동 간의 구조모형 분석
심숙영 | 숙명여대 원격대학원

381 조선족 여성, 동남아시아 여성 그리고 새터민의 적응 유형 분석 및 삶의 질 향상 방안 모색
정태연 | 중앙대 심리학과

382 세계의 연금, 한국의 연금
허만형 | 중앙대 공공인재학부

383 노인요양원과 문화 변화
최재성 | 연세대 사회복지학과

384 시민사회와 국제개발협력
손혁상 | 경희대 공공대학원

385 복지국가의 변화와 빈곤정책
김윤태 | 고려대 사회학과

386 다문화가정의 미디어 이용과 사회적 자본의 관계
진창현 | 경기대 경영학과

387 사회진출 대졸 초년생의 탄력성 변화 양상
이상민 | 고려대 교육학과

388 사회자본과 경제발전 그리고 정부의 질
도수관 | 대구가톨릭대 행정학과

389 망명과 귀환이주
서장원 | 고려대 독일문화학과

390 근거기반실천과 사회복지
김유진 | 경북대 사회복지학부

391 인터넷상 정보 유통에 대한 새로운 저작권 규율 방향 모색
박준석 | 서울대 법학전문대학원

392 한국 사회의 인종차별적 담화구조
이창수 | 한국외대 통역번역대학원

393 사회복지사의 사회복지 가치 지향
김용석 | 가톨릭대 사회복지학과

394 개인정보의 국제적 유통에 따른 법적 문제와 대책
박훤일 | 경희대 법학전문대학원

395 정신장애인의 인권
서미경 | 경상대 사회복지학과

396 취약계층 비만청소년들의 체중관리를 위한 건강증진 프로그램의 효과
김영호 | 서울과학기술대 스포츠과학과

397 한국 전통의 돈의 문학사, 나눔의 문화사
서신혜 | 한양대 창의·융합교육원

398 와이파이 공간과 모바일 정보 격차
이건학 | 서울대 사회과학대학

399 도시정비사업의 법적 쟁점과 해설
성중탁 | 경북대 법학전문대학원

400 사회서비스 제공기관의 조직요인과 성과
신창환 | 경북대 사회복지학부

401 도시 사운드스케이프 디자인
전진용 외 | 한양대 건축공학부

402 지방의회 의원윤리연구
김택 | 중원대 경찰행정학과

403 발달장애인 자립생활 증진을 위한 역량탐색 및 주거로서의 해결과제
김라경 | 광주교육대 교육학과

404 외국인고용제도개선과 인권
김상호 외 | 경상대 법과대학

405 사회복지연구에서 질적방법과 분석
김인숙 | 가톨릭대 사회복지학과

406 현대미술에서의 예술적 성장과 창의적 인재양성
백경미 | 울산과학기술원 기초과정부

407 현대인의 삶과 문화예술교육
곽삼근 | 이화여대 교육학과

408 문화적 배경과 체화된 인지
민동원 | 단국대 경영학부

아 | 산 | 재 | 단 | 연 | 구 | 보 | 고 | 서

1 한국인의 도덕성 연구
배해수 | 고려대 국문학과

2 산업화와 청소년 진로
이원호 | 울산대 교육학과

3 공동체의식과 시민운동
김영섭 | 한양대 행정학과

4 한국청년의 삶의 의미 충족도와 만족적 태도
안정수 | 경희대 철학과

5 중국조선족의 사회발전과 한·중관계의 위상
손장권 | 고려대 사회학과

6 해송림 "솔껍질깍지벌레"의 천적 및 주요 종의 생태
김규진 | 전남대 농생물학과

7 사회정의와 실천윤리
박종대 | 서강대 철학과

8 동구개혁의 영향
김달중 | 연세대 정치외교학과

9 한국청소년의 의식세계
김문조 | 고려대 사회학과

10 고강도 철근 콘크리트 구조의 실용화
정헌수 | 중앙대 건축학과

11 신기술의 연관형태 및 출현예측의 구조모형
권철신 | 성균관대 산업공학과

12 민간기업의 연구개발을 위한 조세정책
권영훈 | 한양대 경제학부

13 기술개발 활성화방안
송승구 | 울산대 화학공학부

14 부패의 현상과 진단
이문조 | 영남대 정치외교학부

15 연구투자의 지역적 편중화와 부산지역의 기초과학연구 활성화방안
윤웅찬 | 부산대 화학과

16 GATT의 신구 덤핑방지협정과 그 대응방안
전창원 | 동국대 무역학과

17 한국사회의 도덕성 제고를 위한 진단과 처방
황경식 | 서울대 철학과

18 새로운 노사관계 방향
이진규 외 | 고려대 경영학과

19 21세기 동북아 정세예측과 한국의 전략적 대응방안
최평길 외 | 연세대 행정학과

20 소련의 한국에 대한 정책목표분석
신승권 | 한양대 정치외교학과

21 메모리 커패시터용 $Pb(Zr_xTi_{1-x})O_3$ 강유전체 박막의 제작과 특성
장지근 외 | 단국대 전자공학과

22 러시아 국제법학의 전통
김용구 | 서울대 외교학과

23 유럽연합의 현황과 전망
김동현 외 | 성균관대 행정학과

24 중국의 정치동원
송영우 외 | 건국대 정치외교학과

25 산업적 활용을 위한 이동로보트 시스템의 개발
박민용 외 | 연세대 전자공학과

26 중국조선족의 정치사회화과정과 동화적 국민통합의 방향
전인영 외 | 이화여대 사회생활학과

27 공적부조의 이론과 실제
최일섭 외 | 서울대 사회복지학과

28 대외통상환경의 변화와 법제개편
서헌제 | 중앙대 법학과

29 기업금융의 국제화
최생림 | 한양대 경영학부

30 자동차부품공업의 노사관계
김호진 외 | 고려대 행정학과

31 산업화 과정에서의 한국가족의 실태와 전망
정창수 외 | 성균관대 사회학과

32 공무원 가치관 실태와 정립방안
배병룡 외 | 경상대 행정학과

33 해외귀국청소년의 국내적응연구
이장영 | 국민대 사회학과

34 초고속정보통신망에서 LAN서비스 제공방안
이재용 | 연세대 전자공학과

35 WTO체제의 정책적 대응
김병진 외 | 경희대 행정학과

36 유럽의 통합정치
최수경 외 | 충남대 정치외교학과

37 유기질폐기물을 이용한 고단백사료원인 조류의 생산공정
최정우 외 | 서강대 화학공학과

38 초고속정보통신망의 수용성과 정책방향
박영상 외 | 한양대 신문방송학과

39 중국의 강남사회와 한중교섭
조영록 외 | 동국대 사학과

40 세계화시대의 사회 · 문화의식
신행철 외 | 제주대 사회학과

41 국내 외국인 노동자의 문제와 대책
성규탁 외 | 연세대 사회복지학과

42 노인인력 활용정책과 프로그램
김정후 외 | 강원대 법과대학

43 한일간 학술교류 현황과 활성화방안
정홍익 외 | 서울대 행정대학원

44 계량모형에 의한 한일 경제관계의 이해
김명직 외 | 한양대 경제학부

45 직장인의 음주행태와 삶의 질
진기남 외 | 연세대 보건행정학과

46 유통정보 시스템의 구조와 설계
정용길 | 충남대 경영학과

47 남북통일 이후 사회통합을 위한 교육의 역할
안기성 외 | 고려대 교육학과

48 대중음악에 심취한 청소년들의 심리적 특성
김인경 외 | 연세대 인간행동연구소

49 멀티미디어 시스템을 활용한 교육환경의 개선방안
김한일 | 제주대 컴퓨터교육학과

50 탈냉전기 한일관계의 쟁점
최상룡 | 고려대 정치외교학과

51 자치시대 새로운 '삶의 질' 지표의 모색
김형기 외 | 경북대 경제통상학부

52 유럽통합의 역내외 협력과 갈등
이호재 외 | 고려대 정치외교학과

53 21세기를 대비한 신노사관계
김재원 | 한양대 경제학부

54 대학의 시간제학생 등록제
안규철 외 | 전남대 교육학과

55 21세기에 대비한 방송통신정책
한진만 외 | 강원대 신문방송학과

56 주민참여를 통한 혐오시설 관리운영방안
박균성 외 | 경희대 법학부

57 여성의 정치적 권리인식과 정치참여
전경옥 외 | 숙명여대 정치외교학과

58 한국인 위장질환과 식생활 · 환경요인 및 *H. pylori* 감염과의 관계
이양자 외 | 연세대 식품영양학과

59 학생과 시민의 자원봉사활동
윤정일 외 | 서울대 교육학과

60 동북아 환경문제와 지역환경협력의 모색
신연재 외 | 울산대 정치외교학과

61 노인 자원봉사활동을 통한 사회통합 프로그램 개발
김동배 | 연세대 사회복지학과

62 물류정보 시스템
김태현 | 연세대 경영학과

63 전자식 문서교환을 이용한 항공화물 운송체계
민재형 | 서강대 경영학과

64 청소년과 성
이근후 | 이화여대 의과대학

65 민족통합과 무궁화호 위성의 남북한 공동활용방안
방정배 | 성균관대 신문방송학과

66 채식주의가 20대 여성의 영양상태와 에스트로겐 대사에 미치는 영향
성미경 | 숙명여대 식품영양학과

67 가상정보공간을 통한 지역개발 활성화 전략
유재천 외 | 한림대 언론정보학부

68 조산아 관리현황 및 정책수립 방안
박상기 외 | 조선대 의과대학

69 남북한관의 의식조사와 통일교육 개선방안
김동규 외 | 고려대 북한학과

70 동양 전통 자연사상 탐구
장동순 | 충남대 환경공학과

71 초고속정보망의 시뮬레이터 구현
한기준 | 경북대 컴퓨터공학과

72 유통원가 시스템의 유효성
정다미 | 명지대 경영학과

73 국악과 문화관광의 만남
정익준 외 | 동아대 국제관광통상학부

74 기업의 지식경영 활용사례
김창은 | 명지대 산업공학과

75 선진국과 한국의 직업교육 · 훈련제도의 특성과 한계
정주연 | 고려대 경제학과

76 제주지역 성인 여성의 자원봉사활동
이상철 외 | 제주대 사회학과

77 M&A와 문화충돌 관리
박원우 | 서울대 경영학과

78 폐금속광산 인근 주민들의 중금속 오염실태
정종학 외 | 영남대 의학과

79 북한 농촌 · 농업실태와 인력자원개발 시스템을 통한 북한 농민의 구호방안
박성열 | 건국대 교육공학과

80 중소 소매점의 경쟁력과 소매성과
채명수 외 | 한국외대 무역학과